作者简介

邱海颖　德语语言文学博士，毕业于上海外国语大学，主要研究方向为功能语言学及批评话语分析。现任教于上海海关学院外语系。

The Construction of German National Identity
Critical Discourse Analysis of Angela Merkel's Speeches
(2005-2013)

德国国家身份构建

安格拉·默克尔演讲辞的批评话语分析

(2005—2013)

邱海颖◎著

光明日报出版社

图书在版编目（CIP）数据

德国国家身份构建：安格拉·默克尔演讲辞的批评话语分析：2005—2013 / 邱海颖著. --北京：光明日报出版社，2017.11
ISBN 978-7-5194-3562-2

Ⅰ.①德… Ⅱ.①邱… Ⅲ.①安格拉·默克尔—演讲—研究 Ⅳ.①H019

中国版本图书馆 CIP 数据核字（2017）第 266319 号

德国国家身份构建：安格拉·默克尔演讲辞的批评话语分析：2005—2013

DEGUO GUOJIA SHENFEN GOUJIAN：ANGELA·MOKEER YANJIANGCI DE PIPING HUAYU FENXI：2005—2013

著　　者：邱海颖	
责任编辑：曹美娜　朱　然	责任校对：赵鸣鸣
封面设计：中联学林	责任印制：曹　净

出版发行：光明日报出版社
地　　址：北京市西城区永安路 106 号，100050
电　　话：010-67078251（咨询），67078870（发行），67019571（邮购）
传　　真：010-67078227，67078255
网　　址：http://book.gmw.cn
E - mail：caomeina@gmw.cn
法律顾问：北京德恒律师事务所龚柳方律师
印　　刷：三河市华东印刷有限公司
装　　订：三河市华东印刷有限公司
本书如有破损、缺页、装订错误，请与本社联系调换

开　　本：710×1000　1/16	
字　　数：136 千字	印　张：11.5
版　　次：2017 年 11 月第 1 版	印　次：2018 年 1 月第 1 次印刷
书　　号：ISBN 978-7-5194-3562-2	

定　　价：68.00 元

版权所有　　翻印必究

前　言

2017年是德国的大选之年，现任德国总理安格拉·默克尔正在寻求她的四连任。自从默克尔2005年成为德国首位女性总理以来，她的一言一行就引起了世人的广泛关注。关于默克尔的各种分析和研究日渐增多加深，然而绝大多数相关研究往往是单学科的，鲜见多学科多维度、融会贯通的梳理和分析。从研究的角度看，国内对默克尔的研究多限于政治学、经济学或社会学的角度，从语言学角度对默克尔的研究几乎为零；从身份构建研究的角度看，目前的身份构建研究对象多聚焦个体身份、机构或团体身份，对国家身份构建的关注相对较少，对德国国家身份构建的研究更是凤毛麟角。而作为欧盟的领头羊，德国对欧洲、乃至世界的政治经济举足轻重，无疑是我们不应忽视的研究对象；从演讲话语研究的角度看，政治演讲话语因其语言使用的独特性成为身份问题语言学研究的热点，然纵观国内外演讲话语研究，或者只关注演讲话语的词汇、句法特征和语体风格，忽视了演讲话语所处的社会环境，或者单纯地从国际关系上考量国家身份的构建，将文本、话语实践与社会实践相结合去考察演讲话语对国家身份的构建并不多见。于是，我萌生了以德国总理默克尔的政治演讲辞为语料，研究德国国家身份的构建问题的想法。考虑到战后德国的统一是世界范围内广受关注的历史事件，对德国国家身份构建的研究具有典型意义，故研究的语料范围进一步确定为默克尔与德国统一相关的演讲辞。

本书的研究是基于社会学的身份建构理论，借鉴系统功能语言学、批评话语分析的理论研究成果，选取德国现任总理默克尔与德国统一相关的演讲辞作为语料库，以费尔克拉夫批评话语分析的三维模型为分析架构，采用一种自下而上的方式，从文本分析到话语实践，再从话语实践到社会实践对身份构建进行考察。其中，文本分析又从词汇层面推进到语法层面、语篇层面，从静态到动态，从微观层面到宏观层面，对默克尔与德国统一相关的演讲话语中的国家身份构建进行多层面多角度的描述与阐释。希望本书所做的研究能为默克尔研究和德国国别研究提供一个新的视角，为研究和探讨国家、政府树立对内对外形象的有效方法和途径贡献一点有价值的参考。

特别感谢上海外国语大学陈晓春教授。从本书选题到定稿的各个环节均得到了陈教授的悉心指导与无私帮助。感谢所有在本书撰写过程中给予我诸多帮助和支持的老师、同学、家人、好友等。在本书写作过程中，我参考了相关领域有关专家和学者的科研成果，受益颇多，在此一并致谢。

邱海颖
2017 年 4 月于上海

目 录
CONTENTS

第一章 绪 论 ………………………………………………… 1
  第一节 研究背景 1
    一、关于安格拉·默克尔的相关研究 1
    二、关于两德统一 5
  第二节 研究目的及意义 7
  第三节 研究方法及语料来源 8
  第四节 全书结构及主要内容 10

第二章 演讲与身份构建研究概述 ……………………………… 11
  第一节 政治语言 11
    一、语言和政治 11
    二、语言和意识形态 13
  第二节 关于演讲的语言学研究 14
    一、政治演讲和政治演讲辞 14
    二、演讲的修辞学研究 15

1

三、演讲的话语分析　18

　第三节　身份研究概述　19

　　一、身份与国家身份的界定　19

　　二、国外身份构建语言学研究的不同路径　22

　　　（一）社会语言学与身份研究　22

　　　（二）语用学与身份研究　23

　　　（三）会话分析与身份研究　24

　　　（四）系统功能语言学与身份研究　24

　　　（五）批评话语分析与身份研究　25

　　三、国内身份构建研究概况　26

第三章　批评话语分析概述　30

　第一节　话语的界定　30

　第二节　话语分析概况　34

　第三节　批评话语分析　36

　　一、批评话语分析之哲学来源：福柯的话语观　39

　　二、批评话语分析之理论基础　41

　　　（一）萨丕尔－沃尔夫语言与思维关系的假说　41

　　　（二）韩礼德的系统功能语言学　42

　　三、批评话语分析的几种模式　45

　　　（一）Roger Fowler 的批评语言学　45

　　　（二）Fairclough 的社会文化/话语变迁分析法　46

　　　（三）Teun van Dijk 的社会认知分析法　49

　　　（四）Ruth Wodak 的话语—历史分析法　50

　　　（五）Michel Pêcheux 的语义政治学　51

（六）G. Kress，M. A. K. Halliday 的社会符号学分析法　52

　第四节　德国的话语分析研究情况　52

　第五节　小结　53

第四章　德国国家身份构建：文本分析 …………… 55

　第一节　身份构建之词汇表达策略　56

　　一、词汇选择　56

　　（一）关键词　58

　　（二）人称代词　69

　　二、隐喻　73

　　（一）物体隐喻　77

　　（二）路途隐喻　81

　　（三）角色隐喻　83

　　（四）战争隐喻　84

　　（五）故乡隐喻　84

　第二节　身份构建之语法分析：语态、情态　86

　　一、语态　86

　　二、情态　88

　　（一）情态　88

　　（二）语料分析：情态动词　91

　第三节　身份构建之语篇分析：主位结构　100

　　一、主位类型　100

　　二、语料分析　101

　第四节　小结　107

第五章　德国国家身份构建：话语实践 …………………… 110

第一节　互文性概述　110

一、互文性的概念　110

二、互文性的分类　113

第二节　互文性与批评话语分析　115

第三节　互文性与身份构建　117

第四节　语料分析：默克尔演讲语篇中的互文性　118

一、具体的互文性：套语和直接引用　118

（一）套语　119

（二）直接引用　121

二、体裁的互文性：修辞互文性　126

第五节　小结　132

第六章　德国国家身份构建：社会实践 …………………… 134

第一节　话语对社会现实的反映　135

第二节　话语对国家身份构建和社会现实的影响　139

一、权力　139

（一）权力的内涵　139

（二）权力实施的方式　141

二、软权力与国家形象塑造　145

（一）关于国家形象　145

（二）软权力、国家形象、国家身份认同　147

三、默克尔与德国统一相关的政治演讲对德国
　　国家身份的构建　150

（一）促进身份认同　150

（二）寻求国际安全位置　151

　　第三节　小结　153

第七章　结　语 …………………………………… 155

参考文献 …………………………………………… 159

第一章

绪　论

第一节　研究背景

一、关于安格拉·默克尔的相关研究

安格拉·默克尔（Angela Merkel，下文简称：默克尔）1954年出生于汉堡，后因其做牧师的父亲接受教会的任命，而迁居前民主德国境内的小镇滕普林（Templin）。1973年，默克尔就读于莱比锡大学物理学专业，13年后获得该大学物理学博士学位，毕业后进入前民主德国国家科学院物理化学研究中心从事科研工作。1989年，默克尔加入民主觉醒组织（Demokratischer Aufbruch）。1990年，该组织加入基督教民主联盟（Christlich Demokratische Union Deutschlands）。1990年3月18日，前民主德国举行史上第一次民主选举，默克尔获得新政府的政府发言人副职。两德统一后，默克尔还先后出任了联邦青年妇女部长、联邦环境部长、基民盟秘书长和主席等职务。2005年11月22日，两德统一十五年后，默克尔出任德国总理，领导由基民盟（CDU）、基社盟（CSU）和社民党（SDP）组成的大联合政府。默克尔成为自1871年德国统一以来的首位德国女总理，也是两德统一后首位来自新联邦州的德国总理，她因此而被誉为"德国政坛的铁娘子"。有媒体评价"德国政治进入了香水时代——'德国女士'的风采会让日耳曼人耳目一新"[①]。2009年和2013年默克尔又在德国总理大选中成功连任。

在德国本土，研究者的兴趣点大多在默克尔不同寻常的个人经历，尤其是其从一位前民主德国科学家到联邦德国首位女总理的政治道路的推进。早在2000年就有Wolfgang Stock所作的传记《安格拉·默克尔——政治生涯路》（*Angela Merkel. Aufstieg zur Macht. Biografie*, 2000）问世，书中简述了默克尔原生家庭的情况，并记录了默克尔一步步演变为基民盟主席的政治历程。在默尔克成为德国总理后，关于她的研究越来越多。其中著名的传记类作品有Gerd Langguth撰写的《安格拉·默克尔传》（*Angela Merkel. Biografie*, 2005）、《安格拉·默克尔传——权力攀登之路》（*Angela Merkel. Aufstieg zur Macht. Biografie*, 2007），Evelyn Roll撰写的《联邦德国首位女总理——安格拉·默克尔的权力之路》（*Die Erste. Angela Merkels Weg zur Macht*, 2005），以及Volker Resing所作的《安格拉·默克尔——一个新教徒》（*Angela Merkel. Die Protestantin*, 2009）等。其中，《联邦德国首位女总理——安格拉·默克尔的权力之路》一书主要分析默克尔对政治权力的掌控及政治权力对她自身的影响。Arnulf Baring与Gregor Schöllgen

---

① 吕鸿：《默克尔：德国首位女总理》，载《人民论坛》，2005年第11期。

合著的《总理、危机、联盟》（*Kanzler. Krisen. Koalitionen*, 2006）一书中，作者试图以历任德国总理们为窗口展示德国历史，探讨其所承担的国家任务、历史使命及因此而承受的正负面影响，其中辟有章节专门论述了默克尔自2005年执掌德国政府以来面临的问题及所肩负的使命。Lars Rosumek在其所著的《总理们和媒体》（*Die Kanzler und die Medien*, 2007）中则探讨德国总理选举活动与媒体的关系，认为德国总理从阿登纳（Konrad Adenauer）到默克尔，每一位都是"媒体总理"，德国总理选举活动"美国化"严重。Christoph Scheurle在《电视里的德国总理们》（*Die deutschen Kanzler im Fernsehen*, 2009）一书中研究了德国总理们在电视媒体上的表演策略，揭露了政治的戏剧性。Syika Scholz 2007年著书《"她行吗？"——默克尔的权力之战》（*"Kann die das?" Angela Merkels Kampf um die Macht*, 2007），以默克尔2005年议会选举为例，探讨政治选举中性别因素的影响和作用，以及选民对候选人性别的不同反应。Roland Willner的《安格拉·默克尔如何执政——以劳动力市场政策为例的分析》（*Wie Angela Merkel regiert. Eine Analyse am Beispiele der Arbeitsmarktpolitik*, 2009）则致力于分析默克尔在大联合政府时期的执政风格。前《明镜周刊》记者Dirk Kurbjuweit 2009年著书《默克尔——所有人的女总理》（*Angela Merkel. Die kanzlerin für alle*, 2009）描述了默克尔自2005年执政三年半以来所面临的问题，从而说明德国国家政治机器是如何运转的。2011年，《安格拉·默克尔——一位不速之客》（*Angela Merkel. Die Unerwartete*, 2011）出版，该书汇编了《时代周刊》从1991年到2011年二十年来刊载的默克尔相关报道，试图解答默克尔如何成为一名越来越受人青睐的政治家的。

德国《明星》杂志曾在16个欧洲国家进行了160次采访，调查它们对德国总理和德国的看法，调查结果显示，"在近百分之九十的欧洲国家里，默克尔都是最受欢迎的政府首脑"①，值得注意的是"很多受访者都把默克人和德国看成一个整体。默克尔对它们来说就是德国精神的化身，是一个国家个人化的体现。"②

在中国国内，对默克尔的研究大多始于默克尔上任德国总理之后。2005年，吕鸿撰文介绍了默尔克登上德国权力最高峰——被选为德国首位女总理的过程，文中简述了默克尔的生平和从政历程，从内政外交角度展望其未来可能的动向。③刘婉媛则在其《默克尔和德国的2006》一文中分析了新一届默尔克政府即将面临的重振本国经济和参与欧盟事务的重大问题，认为"默克尔能否担当得起欧洲新领袖的角色，归根结底取决于她在国内的表现"。④ 关于默克尔政府的外交政策，赵柯在2005年发表的《解析默克尔政府的对华政策》一文中指出，默克尔所领导的新一届德国政府延续了前两届的基本理念，仍然坚持实用主义原则，"价值观外交"并未主导默克尔政府的对华政策，中德关系的主要特征仍为经济主导。⑤（"价值观外交"，即以价值观和意识形态为外交政策的指导原则，通常是指对西方的自由民主和人权观念的尊重和遵守。）与之不同的是，更多的学者认为，在保持自20世纪90年代以来的连续性的同时，默克尔政府对华政策出现巨大变化，

---

① ［德］彦·克思斯多夫·维希曼：《欧洲人眼中的德国总理和德国》，南之珺译，载《领导文萃》，2013年第5期。
② 同上，第58页。
③ 吕鸿：《默克尔：德国首位女总理》，载《人民论坛》，2005年第11期。
④ 刘婉媛：《默克尔和德国的2006》，载《中国新闻周刊》，2006年第2期。
⑤ 参见赵柯《解析默克尔政府的对华政策》，载《欧洲研究》，2010年第5期。

"价值观外交"的影响开始显现。2008年,许一欣撰文阐述了其对默克尔对华外交政策的观点,她认为默克尔执政后对华推行"价值观外交",两国关系因此跌至谷底,政治、经济关系受到全面影响,成为德国国内政治处于分裂状态的诱因之一。[①] 同年,孙文沛在其名为《浅析默克尔时代的中德外交》的文章中指出默克尔政府的"价值观外交"实质是对中国崛起的抵制。[②]

综上,国内对默克尔的研究的焦点多集中于其政府的外交政策,尤其是对华政策及其对中德关系的影响,或是对默克尔本人生平、家庭情况的简单介绍上,研究对象单一,研究范围相对狭小,而针对默克尔政治演讲的语言学研究在国内几为空白。

二、关于两德统一

两德统一指前德意志民主共和国(下文简称"前民主德国")于1990年10月3日通过并入德意志联邦共和国(下文简称"联邦德国")的方式完成的德国统一。自1945年之后,德国一直处于分裂的状况。由于对前民主德国的社会主义政权不满,大批民主德国人陆陆续续逃亡到西德。为严格控制两德之间的人员流动,1961年8月13日民主德国开始建造柏林墙,并称之为"反法西斯防卫墙"。1989年,前民主德国政局骤变,大批前民主德国公民逃往联邦德国。从10月开始,规模大小不一的示威游行在前民主德国城市相继爆发并蔓延开来,示威群众要求开放出国旅

---

① 参见许一欣:《默克尔的'价值观外交'对中德关系的影响》,载《湘潮》(下半月)(理论),2008年第4期。
② 孙文沛:《浅析默克尔时代的中德外交》,载《武汉大学学报》(人文科学版),2008年第3期。

行和新闻自由。10月18日,前民主德国领导人埃里希·昂纳克(Erich Honecker)宣布辞职。11月9日,"柏林墙"倒塌。11月28日,时任联邦德国总理赫尔穆特·科尔(Helmult Kohl)提出关于两个德国实现统一的"十点计划"。1990年3月18日,民主德国举行史上第一次民主选举之后,两德立即展开统一谈判,最后两德与第二次世界大战后占领德国的四国(美、英、法、苏)达成二加四条约,允许统一之后的德国成为完全独立自主的国家,四个占领国的特权全部取消。5月18日,两德在波恩签署关于建立货币、经济和社会联盟的国家条约。8月31日,双方在柏林签署两德统一条约。10月3日前民主德国正式加入联邦德国。分裂40多年之久的两个德国重新统一。统一后,德国继续留在欧洲共同体(即后来的欧盟)以及北大西洋公约组织。两德统一被称为上世纪最独特而又大胆的试验。

两德统一带来的影响是一把双刃剑。一方面,德国的统一标志着东西方经济关系进入了新的阶段,推动了欧洲联合的进程,客观上促进了世界经济一体化;政治上,两德的统一提高了德国在国际上的政治地位,有利于德国突破战败国的束缚;另一方面,两德统一一度为德国的经济带来沉重负担,德国经济增长速度在统一后数年持续放缓。当时德国东部的弱势经济状况及不切实际的两德货币兑换率,令德国东部工业竞争力大幅下挫并使不少工厂倒闭,导致重大经济损失;时至今日,德国东部仍需倚仗西部提供的特殊补助来重建其经济,而向东部提供商品资助亦使西部联邦州陷入资源紧缺的境地,最后导致不少最初受前民主德国政府支持的亏本工业需要私有化,从而导致高失业率。

在德国统一后的二十多年里,德国努力从形式统一迈向真正统一的道路。由于上述历史原因，国家的统一话题对于德国具有特殊意义，这个话题对研究德国历史和发展亦具有特殊的价值。

第二节　研究目的及意义

本书以演讲话语中的国家身份构建为研究对象，借鉴系统功能语言学、批评话语分析的理论研究成果，通过对德国总理默克尔从2005年到2013年的七篇关于德国统一的公开演讲为语料，从语言表达策略、话语实践和社会文化语境三个纬度进行分析，探讨默克尔在这些演讲中的国家身份构建过程，试图回答以下几个问题：

1. 德国总理默克尔是如何在演讲中确立德国国家的身份认同的？

2. 默克尔在演讲中是如何通过语言表达策略构建国家身份的？词汇层面、语法层面和语篇层面分别有何体现？

3. 国家身份构建的话语实践是如何在默克尔演讲中体现的？作为文本与社会实践的桥梁，话语实践是微观分析和宏观分析的结合。对国家身份构建的过程的分析在话语实践的纬度上可以互文性为切入点。

4. 话语对国家身份构建如何体现在社会实践层面的？

从文本、话语和社会实践三个纬度对默克尔关于德国统一的政治演讲的国家身份构建过程进行考察具有重要的理论意义和实践价值。

首先，把身份构建研究扩展到国家身份构建研究，扩大了身份构建的研究范围和对象，有利于进一步补充和完善身份构建理论。目前的身份构建研究对象对个体身份、机构/团体身份的研究较多，而对于国家身份构建的研究相对较少，对德国国家身份构建的研究更是凤毛麟角。

其次，国家首脑演讲中的国家身份构建研究对于研究和探讨国家、政府对内对外国家形象的树立方法和途径具有重要的现实意义。

再次，对默克尔关于德国统一演讲辞中国家身份构建的研究将对国别研究有所贡献。作为世界上最大的经济体——欧盟的领头羊，德国不仅仅在世界经济稳定与发展，也在国际政治中扮演着至关重要的角色。德国如何摆脱二战阴影、如何认识两德统一问题、如何在统一后认识自我，如何构建自己的国家身份等等颇引人关注。

第三节 研究方法及语料来源

本书的研究基于社会学的身份建构论，认为说话者在使用语言的过程中不仅在进行信息的传递，也在从事一种社会实践活动，构建社会关系和社会身份。我们一方面从话语的反映功能出发，了解演讲话语的实践形式是如何反映德国社会现实的；另一方面我们又从话语的建构功能出发，探讨话语实践形式对于构建身份关系和社会现实所产生的重要影响。本书将通过一种自下而上的方式，采用系统功能语言学与批评话语分析（主要是 Norman Fairclough 的批评话语分析理论和方法）相结合的方法，以文本分析、话语实践和社会实践三个纬度为分析架构，从语言表达策略到话语实践，再从话语实践到社会实践对身份构建进行考察，其中语言表达策略的分析又从词汇层面推进到语法层面，再到语篇层面，从微观层面到宏观层面，对默克尔演讲话语中的国家身份构建进行多层面多角度的描述与阐释。

本书主体部分的每一章都根据具体的分析层面和纬度对相关的理论进行梳理和介绍，然后对语料进行具体的分析，并结合相关理论对这些语言现象进行解释和说明。

本书研究的语料皆来源于德国联邦政府官方网站上正式公布的自2005年到2013年默克尔两任德国联邦政府总理期间所发表的关于德国统一的演讲稿，共计七篇。根据演讲稿的时间顺序，本书作者给演讲稿进行了如下编号：

演讲1：2006年德国联邦总理安格拉·默克尔在德国统一纪念日庆典上的演讲（2006年10月3日）

演讲2：2009年德国联邦总理安格拉·默克尔为纪念德国统一日所做的演讲（2009年10月3日）

演讲3：2009年德国联邦总理安格拉·默克尔在"倒塌的柏林墙"会议上的演讲（2009年11月9日）

演讲4：2009年德国联邦总理安格拉·默克尔关于"自由的庆祝会"的演讲（2009年11月9日）

演讲5：2010年德国联邦总理安格拉·默克尔为庆祝德国统一协议签字二十周年所做的演讲（2010年8月31日）

演讲6：2010年德国联邦总理安格拉·默克尔在"德国统一二十年——也是犹太人的胜利史"大会上的演讲（2010年10月26日）

演讲 7：2011 年德国联邦总理安格拉·默克尔在第三届"倒塌的柏林墙"会议上的演讲（2011 年 11 月 9 日）

第四节　全书结构及主要内容

本书共由七章组成。第一章引言，指出研究背景、研究目的及意义、研究方法及语料来源以及对论文的结构安排和主要内容做简单介绍。第二章作为文献回顾部分，介绍了学术界对政治语言、演讲的语言学研究成果和身份构建的研究成果。第三章对批评话语分析的理论和方法进行概述，其中包括话语和话语分析的界定、批评话语分析的哲学来源、理论基础和几种分析的路径。需要指出的是，批评话语分析并没有一个统一的理论和方法。研究主要采用的是诺曼·费尔克拉夫（Norman Fairclough）的批评话语分析理论和方法，即从文本分析、话语实践和社会实践三个纬度上对默克尔演讲中国家身份的构建进行研究。第四章是在批评话语分析的文本分析的纬度中，对语料从词汇、语法和语篇层面进行语言形式特征的分析。第五章是在批评话语分析的话语实践的纬度里，从互文性的角度考察国家身份的构建。第六章是对国家身份构建从宏观的社会实践层面进行批评分析，指出演讲话语是德国国家意识形态、权力关系、民族情绪、社会状况等多种因素的综合反映，同时演讲话语也塑造着德国国家形象，促进德国国家身份的构建。第七章结论部分，对本书各章的研究进行了归纳总结，并指出本研究的创新与不足，指出进一步的、可能的研究方向。

第二章

演讲与身份构建研究概述

第一节 政治语言

一、语言和政治

Chilton 认为，语言是人类进行交际的共同能力，而政治则是管理的艺术。[①] 人们普遍认为，某一团体为了让另一团体按照自己的意图行事而采用的策略就是语言策略，其中包括了语言操纵。因此，"语言操纵"指的是用一种聪明的方式有意识地使用语言，以达到控制他人的目的。[②] 政治话语强调的重点之一是说服人们采取特定的政治行动或是做出重大的政治决策，因此语言操纵被视为政治修辞中一种具有影响力的工具。

语言和政治紧密地结合在一起。为唤起民众的情感，求得民

[①] P. Anthony Chliton: *Politics and Language in Concise Encyclopaedia of Pragmatics*, London: Elsevier, 1998: 688~694.

[②] N. Fairclough: *Language and Power*. London: Longman, 1989: 6.

众的赞同，说服民众接受自己的观点，政治家们需要借助语言的力量。Grünert 曾这样总结语言对政治的重要性：

> 政治是通过（用）语言去设计、准备和唤起的，政治受语言引导、影响、控制和调节，并由其进行描述、阐释、激发、获得合理性、承担责任、操控、诟病、评价并批判。①

政治中的语言意味着政治中的语言行为，语言中的行为潜势是建构性的。正如政治家 Erhard Eppler 所说，"说与行是不能截然分开的，因为说即意味着行动。"② Dieckmann 甚至认为政治就是一场"国家的或与国家相关的演讲"③。在 Heringer 看来，语言中的政治说明了"政治在语言中进行，政治行为即语言行为"④。Chilton 和 Schaffner 亦指出："一方面，没有语言政治就无法实施，另一方面，政治的产生很可能就是由于语言的应用。"Lakoff 更认为，政治即是语言，语言就是政治。⑤ Heiko Girnth 认为，政治语言具有构建现实的特性。Claus Mueller 在《政治与交际》（*Politik und Kommunikation*）一书中则提到：

---

① 笔者译。转引自 Heiko Girnth: *Sprache und Sprachverwendung in der Politik*. Tübingen: Max Niemeyer Verlag, 2002. S. 1. 原文是：Politik wird durch（mit）Sprache entworfen, vorbereitet, ausgelöst, von Sprache begleitet, beeinflußt, gesteuert, geregelt, durch Sprache beschrieben, erläutert, motiviert, gerechtifertigt, verantwortet, kontrolliert, kritisiert, be – und verurteilt.

② Erhard Eppler: *Kavalleriepferde beim Hornsignal: Die Krise der Politik im Spiegel der Sprache*. Frankfurt a. M.: Suhrkamp, 1992: 7.

③ Walther Dieckmann: *Information oder überrdung: Zum Wortgebrauch der politischen Werbung in Deutschland seit der Französischen Revolution*. Marburg: 1975: 29.

④ Hans Jürgen Heringen: *Ich gebe Ihnen mein Ehrenwort: Politik – Sprache – Moral*, München: Beck, 1990: 9.

⑤ Lakoff: *Talking Power: The Politics of Language in Our Lives*, New York: BasicBooks, 1990: 13.

<<< 第二章 演讲与身份构建研究概述

［语言……］它是一个重要的因素，它不仅由社会公共环境，也由政治机构及其利益决定。作为促进稳定的因素，不论是社会限制型语码还是受政治操控的语言都可以服务于政治秩序——无论何种取向的稳定。①

二、语言和意识形态

Luke 认为，意识形态指的是思想、信仰和管理、表象等系统。②若没有语言，社会生活的建立和建构是不可能的。描述性语言学、社会语言学、系统语言学和人种交际学都对于意识形态有所研究：以 Mey 为代表的描述性语言学将政治语言的调查看作是"历史研究对象"③，将历史形态看作是存在于语言、文本和语篇中的某一社会物质客体，而不是人类心智的产物或寓于人类意识中抽象概念的某一语料。社会语言学的选择理论则认为，在社会语境的影响下，文本或话语可以体现个体的目标，个体的目标可以反映公认的社会准则、规约和程序。Therborn 认为，社会语言学主要研究了"语篇在交谈主体形成中的意识形态作用"④。系

---

① 参见 Claus Mueller：*Politik und Kommunikation*, München: Paul List Verlag KG, 1975: 29. 原文是：Sprache Sie ist ein wichtiger Faktor, （Sprache）Sie ist ein wichtiger Faktor, der nicht nur von den sozialen Bedingungen der Gesellschaft bestimmt wird, sondern auch von politischen Institutionen und Interessen. Sowohl sozial restringierte Sprache wie politisch manipulierte Sprache können als stabilitätsfördernde Momente für die Stabilität einer politischen Ordung – gleich welcher Richtung – dienen.

② A. Luke：*Ideology in Concise Encyclopaedia of Pragmatics*, London: Elsevier, 1998: 366–369.

③ J. L. Mey：*Pragmatics& Beyond Companion Series 3: Whose Language? A Study in Linguistic Pragmatics*. Odense: University of Southern Denmark, 1986: 412.

④ G. Therborn：*The Ideology of Power and the Power of Ideology*, London: Villier Publications, 1980: 22–25.

13

统功能语言学则将语言视为是一个社会符号系统，既强调语言和社会结构的关系，认为语义系统和文本是社会结构和社会系统的主要特点，又强调语言发展和使用的关系。Fairclough 认为，政治语篇是由不同机构所调解，并且反过来把读者和作者，听者和说者置于权力和知识的不同位置。意识形态是通过语篇来表现的。语篇是话语交际双方所形成的对话体，同时也形成了话语交际双方的社会关系。①

第二节 关于演讲的语言学研究

一、政治演讲和政治演讲辞

"政治演讲是指人们针对国家内政事务和对外关系，表明立场、阐明观点、宣传主张的一种演讲。"②就职演讲、政治专题演讲、外交演讲等为社会政治服务的各类主体演讲都属于政治演讲。这类演讲带有很强的政治倾向性，为特定的国家、政党或民族主张利益，是演讲者阐明、宣传和强化政治主张，抵御和遏制异己的政治斗争武器。其目的在于求得公众对演讲所宣扬的价值观的认同和支持。

政治演讲辞是演讲者政治演讲的书面形式，是根据演讲者口头发表的需要写出的文稿，旨在表达感情，发表建议和主张，提出号召和倡议。通过它，演讲者可以把自己的主张、观点、见解

---

① N. Fairclough: *Language and Power*. London: Longman, 1989: 36.
② 李元授、邹昆山:《演讲学》，华中科技大学出版社2003年版，第27页。

第二章 演讲与身份构建研究概述

以及思想感情传达给听众,起到宣传和教育的作用。

二、演讲的修辞学研究

演讲是欧美学者关注和研究的热点课题之一。作为一种社会实践活动,演讲是演讲者在特定的环境中,通过对社会现实的判断和评价,出于社会现实的需要,向听众陈述自己的主张和观点的现实活动,旨在解答现实生活中的某些问题,从而达到感召听众并使其行动的一种现实的信息交流活动。而对于政治演讲的语言学研究,学者们大部分秉承亚里士多德的《修辞学》传统,把演讲作为一种散文文体分割来研究,探讨如何进行演说,说服他人。而这一传统与演讲产生的历史相关。演讲的历史可追溯到古希腊古罗马时期。公元前五世纪左右的希腊由许多小城邦国家组成。由于规模小且处于口头语言为主的发展阶段,这些城邦国家常常以演讲和辩论的方式来决断公众事务。公元前465年,出现了一本关于在西西里的锡瑞科斯(Syracause)演说实践的记载。当锡瑞科斯人民经过战争推翻了暴政,实现民主时,那些被剥夺了土地的人们有机会在公众面前陈述理由,让听众相信他们战前拥有多少土地。因此,能言善辩成为古希腊社会生活中的一种需要,当时甚至一度盛行请演说高手来培养辞令的能力。普遍认为,修辞学(Rhetorik)的传统在这个时期就已经形成,这其中既包括了雄辩术和文体学,也包括了演讲和语言表达。因此,修辞学的诞生与僭主政治向民主政治的发展密切相关。而对于古希腊演说的研究,往往秉承亚里士多德《修辞学》的传统,将之作为一种散文文体风格来对待,探讨如何进行演说、说服他人。古典学学者吉尔伯特·默雷在《古希腊文学史》一书中把古希腊的演说家作为散文体作家进行考察和研究。①

作为对西方文化和学术影响深远的古典学者,亚里士多德(Aritstoltle)将理念(Logos)、人品(ethos)和情感(pathos)视作使演讲具有说服力的三种论据,并将演讲分成三种形式:法庭论辩式、议事式和展示式。罗马时期的西塞罗(Cicero)和昆体良(Quantilian)则将修辞学推向教育经典化和完善化。他们将修辞学分成五个方面:构思,具有研究性的功能,探寻所要辩论的论题的范围;谋篇,根据听众的特点,运用和组织各种证据,进行有效的论证;表达,演说者根据不同题材和目的,在遣词造句方面采用不同的策略和风格;记忆,演说者必须能将重要的论点记在心中,能应付各种突变的情况;演讲或实际演说,则对演讲者在具体演讲时的姿态、语调和表情等做了规定。②

修辞学在近代的复兴出现在英国。1513年,托马斯·威尔逊(Thomas Wilson)的《艺术和修辞学》(*Art and Rhotorique*)是英国第一部全面而系统地介绍和评述古典主义修辞学的著作。1776年,乔治·坎贝尔(George Campbell)发表了《修辞学哲学》(*Philosophy of Rhetoric*),该书出色地分析了听众心理构成的重点要素,如想象力、情感、意志,并探讨了这些要素与规劝的关系,将古典修辞学与近代英国经验主义的哲学和科学糅合在一起。

20世纪前后,修辞学的研究范围主要局限在文字作品上,以

---

① 蒋保:《20世纪中后期国外学者对古希腊演说述评》,载《古代文明》,2008年第4期。
② [美]肯尼斯·博克:《当代西方修辞学:演讲与话语批评》,常昌富等译,中国社会科学出版社1998年版,第4~5页。

研究写作为主的修辞学盛行。就文学作品来说，狭义的修辞可以指作品运用的各种技巧，广义的修辞则可以指对作品的艺术特征研究，相当于诗学。就非文学作品来说，修辞学的目的就是如何将文章写好。

从批评实际来看，将演讲和话语的研究放在文学批评的框架中并用文学批评的标准来衡量显出许多不足。1925年，赫伯特·维切恩斯（Herbert Wichelns）发表的《演讲的文学批评》一文正式掀开当代修辞学批评的序幕，在该书中提出了新亚里士多德主义批评原则。此后的三十多年中，修辞学批评和研究沿着维切恩斯指引的道路前进。较全面地反映了新亚里士多德的批评成果的是三卷本的《美国公众演讲的历史和评论》（*A History and Criticism of American Public Address*, 1954）。伯纳德·勃雷克（Bernard Brock）等在《修辞学批评的方法》中对新亚里士多德主义修辞学的特点归纳为：一方面批评的重点放在演讲者身上，或放在话语的来源上，其目的是考察演讲者对某种演讲环境带来的修辞性问题做出什么样的反映；另一方面这种观点是建立在这样的前提下的，即社会是一成不变的，在历史的长河中，人、环境和修辞原则在本质上是不变的，修辞演讲对公众演讲的本质也是了如指掌的。

新亚里士多德主义修辞学过于程式化、割裂演讲与历史的联系，由此催生了新修辞学。新修辞学的代表人物肯尼斯·博克（Kenneth Burke）认为，修辞学研究包括演讲和日常话语的所有象征活动；诗学则研究作为话语的诗和其他文学形式的象征活动。因此，有学者认为，20世纪修辞学的复兴将演讲研究和文学研究分开。新修辞学在理论上强调修辞的认知性，并通过对认知性的确认使它彻底地完成了从狭义的对演讲的研究向广义的对话语的研究的转向；在实践上，新修辞学出现多元并存的批评模式。新修辞学将视角从传统的政治生活投向一切以言语为主的象征性的交流活动，推动了修辞学向现代传播学的演变，这一演变过程与西方后现代主义思潮相呼应。语言学的发展对语言和言语活动的重新认识是后现代主义思潮的重要出发点之一。新修辞学被认为是具有后现代主义特征的批评修辞学，是借鉴具有现代主义和后现代主义双重性质的"批评理论"而产生。而批评理论源于早期法兰克福学派从西方马克思主义的视角对资本主义的批判。"在西方社会，演讲依然是表达民主和体现民主的一种重要形式。"[①]

三、演讲的话语分析

在话语分析领域，专家学者们从哲学、社会语言学、结构功能语言学、社会符号学和人类方法学等不同角度对演讲话语进行了相关研究，从此产生了丰富多样的分析方法或模式。这些分析方法和模式既为话语分析提供了坚实的理论基础，又为之提供了广阔的应用空间，对语言研究影响深远。话语分析理论依托于语用学、功能语言学、认知语言学、社会语言学等多种学科，涉及的研究方法众多，其中影响较大的主要有以下几种：第一，合作原则和礼貌原则。Grice 的合作原则为话语分析提供了一个可操作的模式，主要通过研究合作原则下的会话含义来对话语进行解读；第二，言语行为理论。Austin 的言语行为理论试图通过形式和语境来说明言语的功能对话语的生成与理解及成功的交际的作

---

① ［美］肯尼斯·博克：《当代西方修辞学：演讲与话语批评》，常昌富等译，中国社会科学出版社 1998 年版，第 7 页。

用和影响；第三，系统功能语言学。以韩礼德为代表的系统功能语言学家把语言看成社会符号，并将语言的基本功能归纳为三大元功能，即概念功能、人际功能和语篇功能。语言的三大元功能理论为话语分析提供了广阔的应用空间和实用的理论依据。

然而对于演讲话语，话语分析者们多关注的是英美国家领袖或政党领导人的演讲，鲜有涉猎德国国家或政党领导人的演讲话语分析。由于话语分析涉及社会维度的分析，国家社会情况的不同必将带来分析的不同，对德国国家或政党领导人演讲话语分析成为可挖掘的部分。

第三节 身份研究概述

一、身份与国家身份的界定

作为人文社会科学研究的重要议题之一，身份及身份构建研究受到了诸如语言学、文学、心理学、性别研究、人类学、社会学、历史学等众多学科的关注。在进行身份研究之前，首先需要对身份和本书的研究对象国家身份做一个界定。

关于身份，存在两种不同的观点。一为本质主义所倡导的静态观，认为人类自身存在一套特征属性，是永恒不变的。本质主义的身份观认为，身份有其自身的内在稳定性，生而有之的。本质主义"把一些固定的'特性'或'本质'作为普遍的东西归结于某一族群或人群的身上"①，认为这些特性或本质决定了个体或群体的身份和地位，也是"解释人类在社会中归属问题的核心依据"②；另一种观点是社会建构主义所倡导的动态观。建构主义身份观强调对身份的解读应置于一个动态的过程中。随着外环境的变化发展及与他者的互动，"行为体对原来的身份进行反思、修正或改变，使之更适应变化后的环境"③，因此，"身份具有历史性和非确定性的特点"④，个体"在与他人的对话和互动中建构知识、建构自身、建构世界"⑤。社会建构主义还强调身份的多重性或混合性，认为身份的不同面在不同的情境下具有不同的凸显性，身份是在特定的历史文化语境中通过语言互动构建的，是流动而多元的。本研究持有的身份观是社会建构主义的动态身份观。

"有意图行为体的属性，它可以产生动机和行为特征。"⑥——建构主义理论的主要代表人物亚历山大·温特（Alexander Wendt）所定义的身份有两重含义：一方面，身份是一种主体，其本质来自于行为体的自我认知。另一方面，行为主体的

---

① 关冬梅：《论任璧莲〈爱妻〉中反本质主义的身份观》，载《作家杂志》，2010年第3期。
② 徐涛、张迈曾：《高等教育话语的新变迁——机构身份再构建的跨学科研究》，载《河北大学学报》（哲社版），2004年第3期。
③ 孙溯源：《集体认同与国际政治——一种文化视角》，载《现代国际关系》，2003年第1期。
④ 徐涛、张迈曾：《高等教育话语的新变迁——机构身份再构建的跨学科研究》，载《河北大学学报》（哲社版），2004年第3期。
⑤ 刘保、肖锋：《社会建构主义——一种新的哲学范式》，中国社会科学出版社2011年版，第162页。
⑥ 转引自李慧明：《国家关系中的国家身份》，载《学术论坛》，2007年第12期。

自我认知又依赖于其他行为体对行为主体的认知与行为主体的自我认知的一致或冲突,所以,身份也会有一种主体间或体系特征。"换言之,两种观念可以进入身份,一种是自我持有的观念,一种是他者持有的观念。"① 身份是由内在结构和外在结构建构而成的,可以说,身份涉及如何认识自我、如何区分自我与他者,即"我或我们是谁"以及"他或他们是谁"的问题。

关于国家身份,温特在《集体身份的形成与国际国家》中指出,团体身份根源于国内政治,具有物质基础,即国民与领土,是构成国家行为体个性的内在品质;社会身份是指国家行为体在与他者互动的过程中形成的相对于他者的角色认知,存在于互动的进程中,由与他者的关系决定。《在国际政治的社会理论》（*Social theory of international politics*）一书中,温特把社会身份划分为类属身份、角色身份和集体身份。类属身份（社会身份）,也就是国家的社会属性,如资本主义国家、发展中国家等。角色身份,存在于与他者的关系之中。由于类属身份确定了一个国家在国际社会中的位置,这也就决定了一个国家在国际舞台上所扮演的角色。集体身份,即自我与他者的融合与认同。② 本书中的"国家身份"指国家的类属身份,即国家的社会身份,是国家在动态的国际环境中,对自身所属国家类别的认同。

---

① 李慧明:《国际关系中的国家身份》,载《学术论坛》,2007年第12期。
② 同上。

二、国外身份构建语言学研究的不同路径

（一）社会语言学与身份研究

国外关于身份构建的语言学研究开展得较早较好，在社会语言学领域已形成有关身份研究的多种理论：（1）社会语言学对身份的早期研究以 Labov 和 Berstein 所主张的变异理论为主要成果。变异理论持静态观，主要考察社会身份和语言使用的关系，重点研究各种语言变量和社会身份变量之间的内在关系，主张用统计的方法研究各种社会因素和语言因素间的相互作用，研究个人和群体间的关系以及社会身份的建构过程；（2）以 Blommfield 和 Gumperz 为代表人物的言语社区理论以社会群体为研究单位，研究语言内部的差异性和统一性，认为个体行为和风格是社会秩序规范的结果。1982 年，Gumperz 主编的《语言与社会认同》一书收录了系列文章，通过探讨现代工业社会群体间交际，揭示语言交际在权力和控制的实施、社会身份的构建和再现中的作用。Gumperz 强调若要探究身份与社会、政治等社会范畴相互影响就要对微观的交际过程进行研究；（3）以 Eckert 和 Mc‑Connell‑Genet 为代表的实践的社区理论是一种民俗学的、建立在实践基础上的理论，重点研究社会边缘群体及其内部成员之间的差异与冲突，关注该群体是如何构建或拒绝自身现有身份的；（4）以 Cerulo 和 Jenkins 为代表人物的社会建构理论是建立在批判本质主义的身份静态观的基础上的，认为身份以实践为基础，身份建构具有社会性、历史性和非确定性，要在发展过程中对身份进行相应的解释。其中 Jenkins 的"身份动态论"研究了特定历史条件下的身份转换问题，即旧身份的再现与新身份的产生。随后，

Omoniyi 和 White 在他们主编的《身份的社会语言学研究》(*Sociolinguistic of Identity*)一书中总结了社会语言学身份研究的基本观点：身份是动态的、可变的；身份在语境中构建，随语境变化而变化，语境通过各种社会变量调节和界定，并通过语言表达；在所有交际语境中身份都是自觉或不自觉被突显的；身份表明社会关系；在特定语境中，不止一种身份被表达出来，身份之间存在动态管理。[①] Omoniyi 还指出，身份具有多样性和多层面型。(5) Goffmann 以框架分析模式为出发点阐述了会话的叙事功能，Labov 则提出了理想化叙事的模式，Collins 指出叙事分析有助于理解身份的不稳定性和建构过程。

（二）语用学与身份研究

有学者认为，语用学的特色之一是将语言使用者引入了语言分析。Joseph 则指出，语言界限与人的界限似乎是一种巧合，这意味着语言部分地标记交际者身份是由人的本质所塑造，并进一步指出索绪尔对能指和所指的区分是对语言与身份相关联的一个弱化阐释。[②] Norton 指出："任何时候当交际者进行言语交际时，他们不仅在交换信息，同时也在建构'我是谁'以及'我与社会其它成员有何关系'的自我身份意识。"[③] 语用学家 Verschueren 认为，语用学着眼于研究实际说话者社会身份的各种变量，需考虑社会身份的因素，如文化、社会阶级、民族、种族、性别、教

---

① 任育新：《言语交际中身份研究的多视角及其整合》，载《广州大学学报》（社会科学版），2013年1月。
② 袁周敏：《社会心理学与语用学视角下的身份研究》，载《外语学刊》，2011年第4期。
③ 转引自李俊丽、吴兴东：《奥巴马政治演说中身份的话语构建》，载《科技信息》，2012年第33期。

育程度等。① Ochs 认为，语言与性别以复杂的社会语用意义网络为媒介，语言依语境决定。

语用行为研究注意到了语境的作用，开始注意到人的主体地位。尽管如此，语用行为学说过于强调社会范畴对人语言行为的构筑作用，对人对社会身份的构筑作用认识尚不够。

（三）会话分析与身份研究

会话分析学派认为语境制约着身份，语境具有不可预测性和变化性。在交际过程中，会话者需要根据情景变化适当地调整话语，从而再现和建构自己的身份。同时，身份在交际过程的局部产生、发展，并随谈话序列环境的变化而变化。

会话分析研究者将身份分为两类：一为话语身份或交际身份（discourse identities），二是社会身份（social identities）。话语身份主要指"参与交际的人和一方与话语信息之间的相互关系，即研究和区分交际中的某一方是在发出信息、接收信息还是代表某一方在传递信息"。② 社会身份则指超出谈话本身之外的社会范畴，如性别、种族、职业等。在语篇中，话语身份和社会身份相互交织，话语身份是构建社会身份的基础。

（四）系统功能语言学与身份研究

以英国语言学家韩礼德（M. A. K. Halliday）为代表的系统功能语言学从社会学角度出发，着眼于语言使用者的实践，以语言的实际使用为研究对象。韩礼德将语言的普遍特征归纳为语言的三大元功能，即概念功能、人际功能和语篇功能。其中人际功能

---

① Jef Verschueren: *Understanding Pragmatics*, London: Arnold, 1999: 92.
② 俞东明:《话语角色类型及其在言语交际中的转换》，见《中国语用学研究论文精选》，上海外语教育出版社 2001 年版，第 420 页。

是语言的参与功能，指语言表达说话者的身份、地位、态度动机及其对事物的推测、判断和评价等。

系统功能语言学对身份研究的代表作之一是《分析随意会话》。该书从系统功能语言学的社会符号观出发，认为语言的重要功能之一是建构社会身份和人际关系，并指出语气是构建身份的重要手段。

James Martin 在第 36 届国际系统功能语言学大会上所做的发言"体现、实例与个体化：对青少年审判会中身份的几点思考"中，提出了用"个体化"理论来分析社会身份，使系统功能语言学对身份的研究有了进一步的发展。

然而，系统功能语言学也存在局限性。系统功能语言学认为交际者的语言选择是自发、无意识的选择，是由交际者决定的，忽视了在身份构建中交际者的主观能动性，"把语言选择看成是无意识的选择，对语言选择的研究只会囿于没有语言使用者的语言研究"。①

（五）批评话语分析与身份研究

批评话语分析深受法国哲学家米歇尔·福柯（Michel Foucault）话语观的影响，强调语篇分析必须结合对社会语境的解读，并将语篇的生成和接受过程考虑在内，主要探讨社会关系、知识信仰、权力意志和身份是如何在话语中构建的，揭示语言与社会的互动。批评话语分析者认为，批评性语篇分析必须扎根于语篇语言的研究中，通过语言进行分析来发现语言的身份

---

① 田海龙、张迈曾：《语言选择研究的后现代特征》，载《外语学刊》，2007年第6期。

建构功能。此外，身份的研究必须结合话语中权力关系、意识形态、形成话语的历史结构条件，强调社会结构和权力关系对身份关系的控制和影响。

在众多的批评话语分析学派中，Fairclough 提出的话语分析理论在身份研究中受到较广泛的应用。Fairclough 认为，社会身份、社会关系和知识信仰体系通过话语得以建构。此三者分别对应语言的三大功能，即身份功能、关系功能和观念功能。身份功能涉及社会身份在话语中的构建方式；关系功能涉及怎样制定和协商话语参与者之间的社会关系；观念功能涉及文本说明世界及其过程、实体和关系的途径。话语实践有助于再造社会本身（社会身份、社会关系、知识体系和信仰体系）[①] 基于此，Fairclough 提出了话语分析的三维模型，即文本—话语实践—社会实践，并指出话语分析的三个步骤：描述、阐释、解释。此外，Fairclough 还引入了互文性的概念，作为联结话语的语言层面分析和社会实践分析的桥梁。

三、国内身份构建研究概况

相对于国外对身份构建的研究，国内的研究尚处于萌芽状态。在这些研究成果中有对身份及身份构建的国外研究成果进行梳理和总结的综述性的文献，也有运用话语分析、系统功能语言学、社会语言学等语言学理论对具体情境中的身份构建进行解析的研究。

在综述性文献方面，谷小娟、李艺在《语言与身份构建：

[①] 参见诺曼·费尔克拉夫：《话语与社会变迁》，殷晓蓉译，华夏出版社2003年版，第60页。

相关文献回顾》中回顾了从20世纪60年代到21世纪初的四十年间有关学科对语言与社会身份关系的认识和研究历程。作者认为社会科学、历史科学、心理学、民俗学等其他学科的发展拓宽了语言研究的内容和方法，并将这些学科涉及语言与身份研究的侧重点大致分为三类，一类是立足于语言，如以Labov为代表的变异理论以语言社会因素为研究对象，强调语言使用的异质性；一类立足于个体，侧重社会对个体语言使用的规约作用，如语用学；第三类立足于社会，如Hymes和Gumperz的社会语言学、Eckert的言语社区理论以及着眼于语言与社会的辩证关系的批评话语分析。作者认为，人们对语言与身份关系的理解经历了从无到有，从单向影响到双向影响，从群体行为到个体行为，从本质决定相互构建的、逐渐深入、全面的过程。[1] 项蕴华在《身份构建研究综述》中对英语国家近年来的身份建构研究成果进行了述评，探究其哲学基础和语言学基础，并对从话语形式、身份类型、研究问题、研究视角等不同角度对身份构建做了区分。[2] 董平荣比较了会话分析和批评性话语分析在身份研究中的不同，指出会话分析自下而上地分析话语与身份；批评话语分析则从意识形态出发，自上而下地分析社会结构对身份与话语的影响，提出在语言和身份研究中将两种分析手段相结合、话语分析与民族志相结合，提出建立语言和身份研究的跨学科多视角的理论框架。[3] 袁周敏对社会心理学与语用学视

---

[1] 谷小娟、李艺：《语言与身份构建：相关文献回顾》，载《外语学刊》，2007年第6期。
[2] 项蕴华：《身份建构研究综述》，载《社会科学研究》，2009年第5期。
[3] 董平荣：《试论语言与身份研究中话语分析的整合视角》，载《外语与外语教学》，2009年第7期。

角下的身份研究进行了回顾和梳理，提出社会心理学与语用学的结合有助于身份研究的深入。① 任育新、魏晓莉在《言语交际中身份研究的多视角及其整合》中回顾和评析了身份及身份构建的六个重要视角及研究现状，并提出不应忽略交际者微观层面身份的动态建构。②

在具体情境中的身份构建方面，从研究的社会背景来看，中国社会背景下的各种身份构建研究居多，国外社会背景下的身份构建研究偏少，且往往集中在美国社会背景下的总统就职、反恐演说上；从身份类型来看，多为个人身份与团体或机构身份的构建研究，国家身份构建的研究偏少。

在《高等教育话语的新变迁——机构身份再构建的跨学科研究》一文中，徐涛、张迈曾将语言学理论与社会学理论相结合，以南开大学建校60周年和建校90周年的校长校庆讲话为研究对象，研究高校机构身份在新的话语时间中是如何再构建的。③ 项蕴华、张迈曾在《下岗女工身份构建的叙事分析》中，采用Labov的叙事分析方法，从个人层面分析了下岗女工对其身份的叙述构建。④ 廖益清在《评判与鉴赏构建社会性别身份——时尚话语的批评性分析》中，从社会符号学的角度，运用评价理论工

---

① 袁周敏：《社会心理学与语用学视角下的身份研究》，载《外语学刊》，2011年第4期。
② 任育新、魏晓莉：《言语交际中身份研究的多视角及其整合》，载《广州大学学报》（社会科学版），2013年1月。
③ 徐涛、张迈曾：《高等教育话语的新变迁——机构身份再构建的跨学科研究》，载《河北大学学报》（哲社版），2004年第3期。
④ 项蕴华、张迈曾：《下岗女工身份构建的叙事分析》，载《吉林大学社会科学学报》，2005年第2期。

具分析时尚话语中社会性别的身份构建特点。①

袁周敏在《克林顿总统就职演说的身份构建研究》中从文化、词汇和句法层面分析了克林顿总统的第一任就职演说，从言语交际的角度微观地探讨了克林顿总统就职演说中的身份构建问题。文章认为说话人能够运用多种语言手段构建身份，而具体的交际需要决定了构建怎样的身份。②

李俊丽、吴兴东在《奥巴马政治演说中身份的话语建构》中以美国总统奥巴马的政治演说为语料，采用 Buchholtz 和 Hall 的身份研究方法，从范畴、人称代词和立场三个方面考察奥巴马是如何构建黑人政治家身份，并实现群体认同和个体区分的，成功缓解了信任危机与身份危机。③

严敏芬、滕桂芬在《就职演说与美国总统多元身份的动态建构》一文中，从词汇、语篇和修辞层面，对美国总统就职演说的语言特点及其与身份构建的关系进行研究，认为美国总统根据具体的交际需要，通过语言沟通与协商实现了多元身份的角色转换。④

---

① 廖益清：《评判与鉴赏构建社会性别身份——时尚话语的批评性分析》，载《外语学刊》，2008 年第 6 期。
② 袁周敏：《克林顿总统就职演说的身份建构研究》，载《南京邮电大学学报（社会科学版）》，2009 年第 2 期。
③ 李俊丽、吴兴东：《奥巴马政治演说中身份的话语建构》，载《科技信息》，2012 年第 33 期。
④ 严敏芬、滕桂芬：《就职演说与美国总统多元身份的动态建构》，载《通化师范学院学报》，2012 年第 11 期。

第三章

批评话语分析概述

第一节 话语的界定

不同的研究领域对"话语"有着截然不同的理解。一般认为"Diskurs"（话语）一词来源于古拉丁语"discurrere"或"discursus"。这个词被广泛地用于各个领域。在古罗马语中，"discours"（discorso）通常指研究性演讲、报告、论述、祷告、讲座或同类事物。13世纪出现了专门的哲学文献，从16世纪起，话语常指研究性文章。在实用主义哲学的相关文章中，Charles S. Peirce 和 George H. Mead 提到了"universe of discourse"①。这里提到的"discourse"已接近我们今天所说的"话语"的概念："出发点是：语言表达的意义总是在与一个控制着编码与解码的"话语世

---

① 话语世界（笔者译）。

界"，即一种表达的具体语境的关联中得到理解。"①。这个话语定义指明了单个语言事件和与语境相关的意义指派之间的联系：符号只有在广泛的"语言游戏"的语境中才有意义。

"话语"作为术语第一次使用出现在语言学家 Z·S. Harris 1952 年在 Language 杂志上发表的《话语分析》（*Discourse Analysis*）一文中。罗兰·巴特（Roland Barthes）认为，"话语是超越句子层次的词语系统，即比语句更大的语言单位。"②Jaworski 和 Coupland 在《话语读本》（*The Discourse Reader*）中根据众多的话语分析的经典论文总结出了话语的十种定义，大致可分为三大类：①话语是大于句子的语言单位；②话语是使用中的语言；③话语是包括语言和其他符号系统的社会实践。Van Dijk 把话语分为广义的话语和狭义的话语：广义的"话语"指的是某个交际事件，其中包括交际行为的参与者或特定的场景（时间、地点、环境）。交际事件可以是书面语，可以是言语形式或非言语形式。而狭义的话语通常指"'谈话'或'语篇'，是完成了的或正在进行的交际事件的'产品'"。③ Fairclough 和 Wodak 认为，话语是一种社会实践，其中蕴含着特定的话语事件和情境、机构、社会结构之间的一种辩证关系。这种辩证关系是双向的：一方面，话语事件由情境、机构和社会结构塑造；另一方面，情境、机构和

---

① 笔者译。转引自 Reiner Keller：*Diskursforschung.*，Wiesbaden：VS Verlag für Sozialwissenschaften 2011：14. 原文是：Es wird davon ausgegangen, dass sich die Bedeutung sprachlicher Äußerungen immer in Relation zu einem die Kodierung und Dekodierung reglementierenden? Diskursuniversum '，dem konkreten Kontext einer Äußerung, erschließt.

② 韩震：《历史的话语分析和文本分析》，载《青海社会科学》，2000 年第 4 期。

③ 陈丽江 2007 年博士论文《文化语境与政治话语》，第 2 页。

社会结构也塑造着话语事件。Fairclough 在《话语分析：社会研究的语篇分析》中这样解释话语：

> 我把话语看作是再现世界各部分的方式——物质世界中的过程、关系和结构；心灵世界的思想、感觉和信仰，以及社会世界。世界的一些部分可能会被再现成不同的样子，所以我们处在不得不考虑各种话语之间关系的位置上。不同的话语是看世界的不同角度，这与人们与世界的关系有关，而人们与世界的关系反过来又取决于人们在世界上的位置，他们的社会和个人身份，以及人与人实践的社会关系。①

提到"话语"这一概念，则不得不提它的哲学基础——福柯的话语观。在福柯的《话语的秩序》《知识的考古学》等专著中，福柯表述了其话语观的基本思想。1966 年，福柯发表了对自己《事物的秩序》(*Ordnung der Dinge*) 一书的分析文章。"对福柯而言，话语是人类科学（如医学、经济学、语言学等学科）的知识系统，它们宣扬的是社会和政府在现代社会中勇于构筑权力的各种'技术'。它们一部分是通过语言的使用来实现的，另一部分是通过其他方式来实现的。"② 福柯将话语看作知识的表现形式和循环形式。"Ferdinand de Saussure 将语言理解为一个从社会众多个体的具体语言行为中产生的带有特定结构的系统，在这一结构

---

① 转引自田海龙：《语篇研究：范畴、视角、方法》，上海外语教育出版社 2009 年版，第 15 页。
② 纪玉华、吴建平：《批评话语学派的话语观及其启示》，载《外语与外语教学》，2009 年第 7 期。

中，各个符号通过它们在总的系统中所处的位置获得其意义。"①语言（langue）是个体的言语（parole）行为的发生器。福柯则将语言看作是用来分析话语实践的工具。

近年来，在德国社会日常用语中亦出现了"Diskurs"一词，用于指某一公开性的讨论话题（例如高校改革话题）、某种特定的论证链（例如新自由主义话语）或一场论辩中的某一政治家、组织发言人的地位或表达方式（例如工会话语）②。

德国批评话语分析学者 Siegfried Jäger 在其主编的《批评话语分析词典》（*Lexikon Kritsche Diskursanalyse*，2010）中是这样定义"话语"的：

> 批评话语分析将话语理解为一股"（……）缓慢、随意而又曲折的'知识'流或历经时日的社会知识储备'，这种知识流可能回流，是主体构建的、多形态的社会构造和形成的预定值。③

---

① Reiner Keller：*Wissenssoziologische Diskursanalyse：Grundlegung eines Forschungsprogramms*，Wiesbaden：VS Verlag für Sozialwissenschaften 2011：97.
② 笔者译。参见 Reiner Keller：*Wissenssoziologische Diskursanalyse：Grundlegung eines Forschungsprogramms*，Wiesbaden：VS Verlag für Sozialwissenschaften 2011：97.
③ 原文是：Unter Diskurs versteht die KDA einen》（…）rhyzomartig vezweigte（n）mäandernde（n）〉Fluss von〉Wissen〈bzw. sozialen Wissensvorräten durch die Zeit〈, der durchaus auch einmal rückwärts fließen kann, und (der…) die Vorgabe für die Subjektbildung und die Strukturierung und Gestaltung von Gesellschaften（schafft）, die sich entsprechend als außerodentlich vielgestaltig erweisen.

第二节 话语分析概况

1952年，美国语言学家Zelig S. Harris在《语言》（*Language*）杂志上发表了"Discourse Analysis"一文，把文中对印第安语言的结构语法分析称为"discourse analysis"，指在用语法手段阐释语言中的意义时并不仅仅通过词和句子来体现，还可以通过有内在联系的交际话语体现。Harris所做的工作可以看作是现代语言学从话语层面上对语言现象的关注，他首创用形式描写的方法归纳出话语结构的基本特征。[1] Harris所说的"discourse"指的是大于句子的语言结构。此后，话语分析概念和研究方法逐渐进入语言学家研究视野，话语分析作为现代语言学的专门术语被广泛使用。

20世纪50年代中期，法国结构主义和后结构主义的理论发展对话语分析概念的使用意义重大，而结构主义追根溯源是来自于Ferdinand de Saussure的语言理论。在与不同观点的探讨和交锋中，个别结构主义学者从60年代中期起发展出了修正后的观点，即所谓新结构主义或后结构主义。结构主义将话语理解为抽象和客观的规则结构并加以研究，而后结构主义则更关注抽象的符号秩序与具体的语言或符号使用之间的相互作用，即结构与事件（多数情况下指言语行为或社会实践）之间的相互作用。后结构主义的这一观点的出发点是Ferdinand de Saussure的语言理论。

---

[1] 钱敏汝：《篇章语用学概论》，外语教学与研究出版社2001年版，第12页。

Saussure 试图对语言进行科学定义。他认为，语言（langue）是一个符号系统，是具体的言语（parole）使用行为的基础。语言系统是社会、历史发展的产物，系统的各个组成部分之间存在着一定的联系、规律和结构，即语言系统制约着具体的言语行为。某一符号在语言符号系统所处的位置，即与其它符号的不同关系，决定了该符号的含义。到了 20 世纪 60 年代，大批语言学家如 Hymesm, Austin, Searle, Grice, Halliday, Leech 等涉足话语分析，促成了话语分析研究的迅速发展。70 年代，话语分析逐步引进语言学其他分支学科，如功能语法、语用学、认知语言学、计算机语言学、心理语言学等，逐渐成为一门跨学科多领域的研究。社会语言学家 Labov 认为，话语分析就是制定规则"把所做与所说或所说与所做联系起来。"系统功能语言学家韩礼德则将话语分析看做是一种社会分析法，可以阐释人类在日常交际中怎样通过话语进行交流和理解。荷兰话语分析学家托伊恩·A·梵·迪克认为，"话语分析是一门从语言学、文学理论、人类学、符号学、社会学、心理学以及言语传播学等人文科学和社会科学中发展起来的新的交叉学科。"① 斯塔布斯（Stubbs）对发生在自然交际语篇中的连贯的口头形式或书面形式的话语进行了语言分析。他注重社会语境下语言的使用，即"自然发生的"话语的重要性。斯坦纳和威尔特蒙（Steiner&Veltmen）强调话语生成的动态性本质。凯尔（Caire）则把话语定义为讲话方式、阅读方式和写作方式，并认为这些方式是对某一话语社区的交际方式、行为方式、思维方式和价值观念的系统研究。

---

① ［荷］托伊恩·A. 梵·迪克：《作为话语的新闻》，曾庆香译，华夏出版社 2003 年版，第 18 页。

我国学者宋阳、周海燕在《关于话语分析的批评性研究》一文中，将话语分析与传统语法分析进行了比较，并归纳出话语分析的四个基本特征：

一、传统语法分析注重分析语法本身的结构和语义；话语分析关注话语与社会、权力、民族之间的结构性关系。

二、传统语法分析关注类型的异同，忽视类型所含实例的多寡；话语分析不仅关注类型异同，而且注重实例的多寡，认为定量分析是定性分析的基础。

三、传统语法分析把研究对象看作一个静态的成品；话语分析把研究对象视为一个动态的过程，因此，除了分析语句的组成成分和相互关系，更注重联系发话人和受话人的语言认知策略。

四、传统语法分析往往脱离语境研究语法和语用；话语分析强调话语研究与社会语境紧密相关。①

第三节　批评话语分析

批评话语分析（ctiritical discourse analysis，CDA），又称为批评语言学（critical linguistics）、批评性语言研究（critical language study），发端于20世纪七八十年代。批评理论源于早期法兰克福学派从西方马克思主义的视角对资本主义的批判。1979年Roger Fowler等在《语言与控制》（*Language and Control*）一书中最早使用"批评语言学"一词，提出"批评语言学"（Critical Linguis-

---

① 宋阳、周海阳：《关于话语分析的批评性研究》，载《才智》，2011年第26期。

tics）的语篇分析方法。话语分析批评性研究的序幕自批评语言学始。

70年代末，受到文学批评家们的影响，批评语言学家提出了"批评性"，旨在关注语言与社会、权力、民族之间的内部关系，从"批判""揭露""否定"的立场解释话语和权力以及意识形态的联系，目的在于消除不平等现象，解构现有的社会体制。

1989年，Fairclough在《语言与权力》（*Langauge and Power*）一书中提出了批评话语分析（critical discourse analysis，CDA）的概念。20世纪90年代，批评话语分析发展迅速，被广泛用于人文社科领域及跨学科研究中，如文学、政治学、教育学、法学、医学、心理学、精神病学、传播学等。①

"20世纪哲学和社会科学研究中的语言学转向催生了语言学研究中的批评转向。不管是语言学转向还是批评转向，都是对上世纪在哲学和社会科学研究领域中占主导地位的实证主义的反思的结果。"② 有学者将批评话语分析兴起的社会文化动因归结为两点：一是文本转向；二是民主化的压力。他们认为，"西方社会泛滥的文本和对文本的不信任感，以及对文本不加批评地盲目接受的质疑构成了批评性话语分析萌发的温床。"③

作为工具语言学（instrumental linguistics）的一个分支，批评话语分析将语言学研究与社会、文化研究结合起来，强调语言学的主体地位和对系统功能语法等语言学理论与方法的掌握，试图

---

① 参见熊伟：《话语偏见的跨文化分析》，武汉大学出版社2011年版，第70页。
② 纪玉华、吴建平：《批评话语学派的话语观及其启示》，载《外语与外语教学》，2009年第7期。
③ 熊伟：《话语偏见的跨文化分析》，武汉大学出版社2011年版，第70页。

通过应用韩礼德的系统功能语言学的分析方法,达到揭示语言与权势、意识形态相互关系的目的。杨信彰在为丁建新所著《叙事的批评话语分析:社会符号学模式》所作的序言中,如此总结批评话语分析:批评话语分析"主要以韩礼德的系统功能语言学为基础,把语言特点分析与社会文化背景的分析结合起来,揭示语言结构隐含的思想意识。批评话语分析考虑到了年龄、种族、性别、阶层、态度等社会因素在语篇生成中的作用以及语言对社会的影响,研究话语主题与社会、思想意识的关系。"[1] "批评性话语分析不是对语言做静态的结构研究,而是转向对具体语境中语言(话语)实际使用的动态研究;不再将语言视为表达思想的透明媒介,而是认为语言与意识形态和权力有着盘根错节的关系。批评话语分析认为,语言(话语)的使用具有建构性、历史性、社会性和政治性,符号的能指和所指之间的关系并不是任意的,而是要受到历史、社会、权力和意识形态的影响。"[2] 批评话语分析的共同特征是:"(1)关注社会的不平等、权力关系及受歧视的群体;(2)强调话语与社会的辩证关系;(3)批评话语分析研究的多路径方案。"[3]

在批评话语分析的形成和发展过程中,涌现了许多该领域的重要学者,例如荷兰语言学家托伊恩·A.梵·迪克(Teun A. Van Dijk)、奥地利语言学家鲁思·沃达克(Ruth Wodak)、英国语言学家诺曼·费尔克拉夫(Norman Fairclough)、马丁·蒙哥马

---

[1] 参见丁建新:《叙事的批评话语分析:社会符号学模式》,重庆大学出版社2007年版。
[2] 熊伟:《话语偏见的跨文化分析》,武汉大学出版社2011年版,第75页。
[3] 李会民:《〈批评话语分析方法〉(第2版)述评》,载《山东外语教学》,2012年第1期。

利（Martin Montgomery）、鲍尔·希尔顿（Paul Chilton）等。由于批评话语分析并没有统一的理论做指导，"不同的研究者运用不同的理论从不同的视角对话语分析，揭示语言与社会的关系。"①，因此产生了不同的批评话语分析流派和多种分析方法，其中具有较大影响力的六个分支是：Roger Fowler 的批评语言学、Norman Fairclough 的社会文化/话语变迁分析法、Van Dijk 的社会认知分析法、Ruth Wodak 的话语/历史分析法、Michel Pcheuxe 的语义政治学和 G. Kress& R. Hodge, M. A. K. Halliday, Terry Threadgold 的社会符号学分析法。这些分析模式从不同的角度对语言和社会之间的辩证关系进行了研究。②

"Fairclough 和 Chouliarak 指出，批评话语分析旨在通过调节不同理论，特别是社会学和语言学理论，实施理论整合。"Wodak 和 Weiss 认为批评话语分析"从来没有，也从来不会尝试提供一个单一的理论和分析模式，任何单一的分析模式都不是批评话语分析的特征"。③

一、批评话语分析之哲学来源：福柯的话语观

福柯认为，话语不仅是思维和意义产生的方式，话语是知识中固有的社会实践、主观性形式和权力关系一起构成知识的方式。Weedon 对福柯的"权力"概念的阐释是：（权力是）一种话语和主体间通过话语这一媒体实施的动态的控制和无控制。权力

---

① 赵林静：《话语历史分析：视角、方法与原则》，载《广东外语外贸大学学报》，2005 年第 3 期。
② 参见熊伟：《话语偏见的跨文化分析》，武汉大学出版社 2011 年版，第 75 页。
③ 转引自刘立华：《批评话语分析概览》，载《外语学刊》，2008 年第 3 期。

是在话语内部通过话语构成并统治主体个体的方式实施的。福柯认为"话语是人类科学的知识体系，人类的一切知识都是通过话语获得的，历史文化由各种各样的话语组构而成；另一方面，话语与权力是一种辩证的同构关系，影响、控制话语运动的最根本的因素是权力。话语既是权力的产物，又是权力的组成部分。"[1]

福柯的话语建构性、话语互文性、权力话语本性、话语政治性和社会变化的话语本性等观点，对于批评性语篇分析的思想构建起了促进作用。有学者这样总结福柯的话语观：

（1）话语的建构性——话语建构社会，包括建构"客体"和社会主体；

（2）互为话语性和互文性的首要地位——任何话语实践都是由它与其他话语的关系来界定的，并以复杂的方式利用其他话语；

（3）权力的话语本性——现代"生物权力"的实践和技术在相当程度上是话语性的；

（4）话语的政治性——权力斗争发生在话语之内和话语之外；

（5）社会变化的话语本性——变化着的话语实践是社会变化中的一个重要因素。[2]

---

[1] 纪玉华：《批评话语分析：理论与方法》，载《厦门大学学报（哲学社会科学版）》，2001年第3期。

[2] 李华东：《法兰克福学派批评理论、福柯话语权力学说与批评性语篇分析》，载《外语与文化研究第五辑》。

二、批评话语分析之理论基础

（一）萨丕尔－沃尔夫语言与思维关系的假说

美国人类学及语言学家萨丕尔（Edward Sapir）认为，语言是工具，思维是产品，作为产品的思维无法离开语言而进行。他的学生沃尔夫（Benjamin Lee Whorf）进一步指出，语言研究对思维研究助益非凡。一个人的思维形式受制于自己语言的复杂系统。两人都被认为接受了德国语言学家和政治家洪堡特（Wilhelm von Humbolt）的语言哲学思想。洪堡特在其所著的《论人类语言结构的差异及其对人类精神发展的影响》一书中指出，各语言都有其独特的世界观，语言是民族精神的外在表现。民族的语言就是民族的精神，民族的精神就是民族的语言。

20世纪50年代，一些语言学家将萨丕尔及沃尔夫的相关理论整理概括为萨丕尔－沃尔夫假说。这一假说的基本观点是：(1) 语言决定论，即语言的习惯化形式制约思维模式，所谓的"真实的世界"在很大程度上是由语言所反映和建构的世界。语言塑造人们的思想，引导人们按照语言所开辟的路径去认识世界。不同的民族，思维方式也不同，对世界的认识和分析也不一样。(2) 语言相对论，即语言反映思维方式，语言就是一种反映、建构世界和认识、理解世界的框架。

该假说诞生之后在学术界产生了巨大影响，在哲学、社会学、心理学、人类学、语言学等不同学科领域掀起了讨论和争辩，人们对该假说褒贬不一。有支持者以此解释为何语言具有抗译性，语言的翻译无法一一对应，而反对者则认为用"语言决定论"来讨论母语之外的语言时包含悖论。

萨丕尔-沃尔夫假说主要从以下两个方面对批评话语分析产生了影响：第一，该假说关于常识世界（common-sense-World）是通过语言的修辞性建构起来的观点表明，不同的语言体现着不同的世界观。批评话语分析进而得出结论：不同的语言也体现了不同的意识形态和权力关系。第二，萨丕尔和沃尔夫认为，语言具有规约性，这种规约性既是人们交流的基础，也是一种麻药，成为一种常识。批评话语分析在语言的规约性基础上提出了意义的合法化和习惯化。

（二）韩礼德的系统功能语言学

韩礼德的系统功能语言学是批评话语分析最重要的理论基础和方法论来源之一。在《作为社会符号的语言——对语言和意义的社会解释》（Language as Social Semiotic：The Social Interpretation of Language and Meaning, 1978）一书中，韩礼德全面论述了语言的符号性，并扩展了索绪尔的"语言是社会事实"的观察，指出要在社会文化语境中解释语言，语境中的文化用符号进行解释，是一个信息系统，认为语言表述和象征了社会结构和制度。这一点与Bernstein和Labov的观点不谋而合，Bernstein认为一个文化的符号系统在不同社会群体中是有差异的；Labov则证明了语言系统中的差异表达了社会地位和角色的差异。"韩礼德等人认为，语言系统是人类用来表达意义、交流思想的主要手段，但它又总是在一定的社会文化背景中形成、发展并发挥作用。"[1]

韩礼德提出，语言具有三大普遍特征，即"元功能"或"纯

---

[1] 朱永生、严世清：《系统功能语言学多维思考》，上海外语教育出版社2001年版，第9页。

理功能"：概念功能、人际功能和语篇功能。概念功能包括经验功能和逻辑功能，这两者都建立于说话人对外部世界和内心世界的经验；人际功能是指语言反映人与人之间的关系，反映说话人和听话人之间的社会地位和亲疏关系；在语义层中，把语言成分组织成为语篇的功能，被称为语篇功能。韩礼德认为，"语言是由与意义相关联的可供人们进行选择的若干子系统所组成的系统网络（system network），又称意义潜势（meaning potential）。换言之，语言的使用是一个选择的过程，要根据表达的思想内容（语义），并结合当时的语境，在语言的各个语义功能部分进行相应的形式选择。……与主流语言学的自治（autonomous）性质不同的是，系统功能语言学认为，只有将语言置于其使用的社会文化环境中，其本质才能得到解释，因为语言的使用与社会需求、社会机构和社会文化背景相关。系统功能语言学不仅仅停留在对语言结构的描述上，还将语言看作有规律的资源系统，从语言所完成的社会和交际功能来解释出现这种语言结构的原因是什么。"[1]

Chouliaraki 和 Fairclough 曾明确指出，作为一种理论模式与分析方法，批评话语分析是一个不断接纳、整合其他理论的过程，可视为不同理论之间，尤其是语言学理论和社会学理论之间对话与融合的媒介。"话语秩序"是其理论核心，即社会意义混杂性的社会建构。在不断地批判吸收其他社会学理论和语言学理论的过程中，批评话语分析的理论基础逐步得到夯实。[2] "批评话语分析虽然具有跨学科性和分析模式多样性特征，但是无论这种批评

---

[1] 熊伟：《话语偏见的跨文化分析》，武汉大学出版社2011年版，第81页。
[2] 刘立华：《〈系统功能语言学与批评话语分析：社会变化研究〉评价》，载《现代外语》（季刊），2006年11月第29卷第4期。

性方法是偏好语言微观层面上的特征、宏观结构特征、文本/话语或是语境特征，无论其角度是哲学的、社会学或是历史的，在大多数情况下，他们都借鉴了系统功能语言学理论。"① 由此可见，系统功能语言学对批评话语分析的影响巨大。

　　批评话语分析广泛应用了系统功能语言学的语篇思想、功能思想和语境思想。从语篇角度看，批评话语分析把语篇看作是社会符号系统的具体体现，语言是社会介入的媒介，因而语篇具有一定的社会价值，能够反映语言使用者的主观态度。从功能角度看，通过应用韩礼德有关语言具有概念功能、语言功能、语篇功能的假说，批评话语分析从人类经历、人际关系和信息组织等不同角度分析语篇，多角度、多层次阐释语言和意识形态的关系。如概念功能入手，对及物系统和语态系统的使用情况进行分析，以确定行为、参与者以及行为发生时的环境，并突出强调对真正导致行为发生的因素进行分析；从人际功能入手，对语气系统和情态系统的使用情况进行分析，以确定参与者间的社会关系、作者的态度或其所代表的机构的态度；从语篇功能入手，对语篇的主位结构、信息结构和衔接进行分析，发现新旧信息在语篇中的分布和互动，从而确定讲话的重点和语篇信息的推进方式。从语境角度看，批评话语分析一方面从情景语境入手，分析话语范围、话语基调和话语方式等语境因素对语义结构的制约，另一方面从文化语境入手，探讨社会行为方式和结构对语类结构的影响，进而从意识形态的高度研究语篇结构和语篇意义的支配作用。

---

① 刘立华：《〈系统功能语言学与批评话语分析：社会变化研究〉评价》，载《现代外语》（季刊），2006年11月第29卷第4期。

三、批评话语分析的几种模式

（一）Roger Fowler 的批评语言学

1988 年 Flower 与 Hodge 合著的《社会符号学》(*Social Semiotics*) 发表，1990 年、1992 年 Flower 与 Van Leeuwen 合著的《解读形象》(*Reading Image*) 和《可视表征的结构》(*Structures of Visual Representation*) 发表，1991 年 Flower 发表了《新闻语言：新闻报刊中的话语与意识形态》(*Language in the News: Discourse & Ideology in the Press*) 等，这一系列著述为批评话语分析的创建和推广发挥了极其重要的作用，是 Flower 对批评话语分析研究的开创性贡献。

以 Flower 为代表的批评语言学将整个文本（口头的或书写的）看作是分析的对象，对文本进行批判性解释："借助于语言结构的相互作用，借助于更加宽泛的社会背景，来对其做出分析，并通过这样的分析来揭示话语表达中的社会意义"。[1] 但是，由于批评语言学过于强调作为产品的文本，缺少对生产文本和解释文本的过程，而越来越被诟病。Fairclough 指出，在批评语言学的分析中"文本特征和社会意义之间的关系常常被描绘为简单的和透明的，不过文本有可能基于上下文、基于解释者而向各种各样的解释开放，这意味着话语的社会意义（包括意识形态）不可能不考虑文本在社会分配、消费和解释中的模式和变化，而简单

---

[1] ［英］诺曼·费尔克拉夫《话语与社会变迁》，殷晓蓉译，华夏出版社 2003 年版，第 26 页。

地从文本中解读出来。"① 其次，批评语言学片面地强调了话语存在于现存的社会关系和社会结构的社会再生产中的作用，而忽略了作为社会冲突得以发生的领域的话语，忽略了作为更广泛的社会变化和文化变化层面上的话语变化。

（二）Fairclough 的社会文化/话语变迁分析法

作为批评语言学研究领域的杰出学者，Norman Fairclough 从 20 世纪 80 年代起就发表了大量的研究著述。他将马克思主义哲学传统——主要是意识形态和霸权、福柯的话语观、语言学的相关问题、批评语言学传统和社会学理论等结合起来进行研究，创造性地提出了"话语实践""社会实践"和"话语秩序"等概念，通过分析各种语境与话语的各种后果，促使话语解读走向更加复杂的制度分析与政治分析。他的《语言与权力》（*Language and Power*, 1989）、《话语与社会变化》（*Discourse and Social Change*, 1992）和《批评话语分析》（*Critical Discourse Analysis*, 1995）等著作对批评话语分析的研究与发展产生了极大的推动作用。

对于用批判的方法进行话语分析，Fairclough 认为其优点在于，与非批判的方法相比，批判的方法"不仅在于描绘了话语实践，而且在于揭示了话语如何由权力与意识形态的关系所构成，揭示了话语对于社会身份、社会关系以及知识和信仰体系的建构性作用。"②

Fairclough 主张在文本、话语实践和社会实践的三向度框架内

---

① ［英］诺曼·费尔克拉夫《话语与社会变迁》，殷晓蓉译，华夏出版社 2003 年版，第 27 页。
② 同上，第 14 页。

研究话语。在他的代表作《话语与社会变迁》中,他提出:"话语即是一种表现形式,也是一个行为形式,——以这种形式,人们有可能对这个世界产生作用,特别是与这个世界彼此产生作用。第二,……在话语和社会结构之间存在着一种辩证的关系……一方面,在最广泛的意义和所有的层次上,话语是被社会结构所构成的,并受到社会结构的限制,受制于社会层次上的阶级和其他关系,受制于诸如法律或教育等特殊机构所特有的关系,受制于分类系统,受制于各种规范和各种习俗……特殊的话语事件根据它们由以产生的特殊的社会领域或机构框架而发生变化。另一方面,话语在社会意义上是建构性的。这是福柯关于客体、主体和概念的话语结构讨论的意义。话语有助于社会结构的所有方面——这些方面直接或间接地构成或限制话语的建构:它本身的规范和习俗及其背后的关系、身份和机构。话语不仅是表现世界的实践,而且是在意义方面说明世界、组成世界、建构世界。"[①] Fairclough 坚持语言学理论与社会学理论相结合,认为话语是社会实践的一种形式,话语"有可能以特定的方式获得政治的或意识形态的'介入'"[②]。作为一种政治实践,话语建立、维持和改变权力关系,并改变权力关系在其间得以获得的集合性实体(阶级、集团、共同体、团体)。作为一种意识形态实践,话语从权力关系的各种立场建立、培养、维护和改变世界的意义。

Norman Fairclough 和 Ruth Wodak 的批评话语分析的基本原则被归纳为如下几点:

---

① [英]诺曼·费尔克拉夫《话语与社会变迁》,殷晓蓉译,华夏出版社2003年版,第60页。
② 同上,第63页。

1. 批评话语分析研究的是社会问题。它不是为了纯语言研究而分析语言或语言使用，而是与社会、文化过程和结构的语言学特性相关。相应地，批评话语分析是跨学科的。

2. 权力关系是话语性的（diskursiv），批评话语分析研究的不仅是话语中的权力还有关于话语的权力。

3. 社会和文化与话语是一种辩证的关系：社会和话语是对话性的（diskursiv），社会建构了话语。每一个语言使用的时刻都重建或转变了（transformieren）包括权力关系在内的社会和文化。

4. 语言的使用可以是意识形态的；为了证明这一点，必须分析文本并进行阐释，考察其接受情况和社会影响。

5. 话语是历史的，并且只有在历史关联中得以理解。话语不仅埋植于某种特定文化、意识形态或者过去之中，而且在文本内部（intertextuell）也与其他话语相联系。

6. 文本与社会的联系并不是直接的，而是要通过媒介，例如社会心理学模式下的文本理解。

7. 话语分析是可阐释、可说明的。批评性分析包含一种系统的方法论，将文本与它们所处的社会环境、意识形态和权力关系联系起来。阐释是动态的，对新的语境和信息是开放性的。

8. 话语是社会行为的一种形式。批评性分析可以被理解为一个将其兴趣明确化的社会学方向。[1]

Fairclough 三维分析模型指明了批评话语分析的三个步骤：

1. 描述：这个层面的分析是文本分析，即对文本的各种语言形式特征进行语言学描述。

---

[1] 转引自 Reiner Keller: *Diskursforschung: Eine Einführung für Sozialwissenschaftler-Innen.* Wiesbaden: VS Verlag für Sozialwissenschaften 2011: 30.

2. 阐释：阐释是对话语实践的过程进行分析，即分析文本的生产过程和阐释过程与文本之间的辩证关系。

3. 解释：分析话语实践与社会文化实践的辩证关系。①

Fairclough 将身份构建问题视为批评话语分析的核心研究问题之一，认为话语不仅是既有身份的"发音器"，同时也塑造着社会身份。

（三）Teun van Dijk 的社会认知分析法

Van Dijk 将话语研究看作是联结语言学研究和认知研究的一门交叉学科。从 20 世纪 70 年代起，Van Dijk 就对意识形态的研究倾注了极大的热情和努力。他发表的专著《语篇与语境》（*Text and Context*, 1977），《作为话语的新闻》（*News as Discourse*, 1988），主编的论文集《话语与社会》（*Discourse and Society*, 1990）和《话语研究》（*Discourse Studies: An Interdisciplinary Introduction*, 1997）及其发表的大量论文，为批评语言学的发展做出了不可磨灭的贡献。

强调心智、话语和社会三者的关系是 Van Dijk 的社会认知分析法的重要特征。Van Dijk 认为，批评话语分析"应从宏观语义框架（semantic macrostructure）（宏观意义、话题和主题）出发，关注现场意义（localmeaning）（包括词、结构、命题特征、以及连贯、含义、假设、描述层次等）。现场意义是基于事件的心智模型（mentalmodel）并在语境模型（context model）的控制下产生的。关注现场语义分析就是要研究各种'隐含的、非直接的'意义。这些意义总是间接地、隐含地同各种语境中所主张的基本

---

① 熊伟：《话语偏见的跨文化分析》，武汉大学出版社 2011 年版，第 93 页。

信仰相联系。话语的连贯不是抽象地形成的,而是由语言使用者根据他们的意图、阐释或理解建立起来的。"①

(四) Ruth Wodak 的话语—历史分析法

话语—历史分析是由以奥地利批评话语分析家 Ruth Wodak 为代表的学者在分析"战后"奥地利国内反犹倾向过程中提出的。该分析方法主张从历史角度出发,把话语放在历史语境(社会和政治)中进行分析。这种方法早期的分析工作"旨在打破机构组织如学校、医院、法庭等的话语交流障碍。近年来,话语历史分析研究又将此方法扩展到对性别歧视、当代的反犹和种族歧视以及国家主体身份的研究,如《话语与种族歧视:欧洲的视角》(*Discourse and Recism*:*European Perspectives*) 和《国家主体身份的话语建构(*The Discursive Construction of National Identity*)。"② 话语—历史分析基于语内层面、互文层面、超语言的语境层面、宏观社会政治和历史语境层面四个层面。③ 话语—历史分析通常坚持三个原则:1. 确认具体的内容或话题,2. 调查话语策略,3. 检验语言学手段和实现途径。该分析法遵从八个步骤:(1) 先前理论知识的利用;(2) 数据和语境信息的系统收集;(3) 具体分析所用材料的选取和准备;(4) 提出研究问题和假设;(5) 定性的试验性研究;(6) 详细的案例研究;(7) 形成批评;(8) 分析结果的应用。

话语—历史分析研究者的关注领域主要是身份研究的维度和

---

① 李会民:《〈批评话语分析方法〉(第 2 版)述评》,载《山东外语教学》,2012 年第 1 期。
② 赵林静:《话语历史分析:视角、方法与原则》,载广东外语外贸大学学报 2005 年第三期。
③ 同上,第 87 页。

分类结构（如种族主义、性别问题、反犹问题等）。在身份构建方面，历史话语研究者多聚焦精英话语，认为身份话语影响并控制着社会精英层：

> 对于批评话语分析而言，语言并不因自身而强大，它的力量来自于使用它的强者（……）语言指向权力，表达权力，有争论和权力之争的地方就有语言。权力不从语言中获得，但语言可以用来挑战权力，颠覆权力，在短期或长期内改变权力。语言是等级社会结构中权力差异的微调手段。①

（五）Michel Pêcheux 的语义政治学

法国批评话语分析的代表人物之一米歇尔·佩肖（Michel Pêcheux）向阿尔都塞的质询理论做了严格的语言学转向，认为事实永远是被一个话语策略的网络"驱使着说话"。1975年，他的《语言、语义学与意识形态》（*Language, Semantics and Ideology*）一书出版，这部著作的研究对象是作为一种特定水平下的社会关系及其特定的机制和效果的话语的使用。书中阐明了两个主要观点：1. 话语理论等同于语义政治学。语义是意识形态的组成部分，话语定式是意识形态的特殊形式。语义与劳动、物质生活、

---

① 参见 Weiss, Gilbert/Wodak, Ruth（2003）: *Introduction: theory, Interdisciplinarity and Critical Discourse Analysis*, In: *Critical discourse analysis: theory and interdisciplinarity*. New York: Houndmills, 14–15. 原文为: "For CDA, language is not powerful on its own – it gains power by the use powerful people make of it (…) language indexes power, express power, is involved where there is contention over and a challenge to power. Power does not derive from language, but language can be used to challenge power, to subvert it, to alter distributions of power in the short and the long term. Language provides a finely tuned vehicle for differences of power in hierarchical social structures."

阶级斗争紧密相结合；2. 话语是人在特定时空中决定自己该说什么和怎样说的潜在机制，是不同型号、不同性质的意识形态相冲突的重要场所。

（六）G. Kress，M. A. K. Halliday 的社会符号学分析法

以 Kress 为代表创建的多模态话语的社会符号学分析法以韩礼德的功能语法为理论基础，认为图像也属于社会符号，可根据图像特有的方法进行图像描述，并将韩礼德的社会符号学理论应用于图像分析。该分析方法将包含图像意义的多模态话语的意义分为再现、互动和构图等相互交织的三种，并比照功能语法的概念、人际和语篇意义，进行了细致的系统构建。Kress 认为像语言一样，所有的模式（视觉的、姿态的、动作的）在社会使用过程中构成社会资源的模态，都具有社会意义。他们没有将图像看成是对语言文字的插图或示例，而是坚持把多模式语篇作为一个整体来分析，从而打破了语言研究和对图像研究之间的界限。

第四节 德国的话语分析研究情况

在德语国家中，德国语言学家、杜伊斯堡语言及社会研究院（Duisburger Institut für Sprach – und Sozialforschung，简称 DISS[①]。）的重要成员 Siegfried Jäger 和 Margarete Jäger 是近二十年来德国批评语言学研究领域的代表人物。自 20 世纪 80 年代以来 Siegfried

---

[①] 1987 年，杜伊斯堡语言及社会研究院在德国成立，其研究重点是右倾及左倾极端主义、种族主义、移民问题、伊斯兰教、战争及生态政治问题。

Jäger，Margarete Jäger 就和 DISS 的同事们致力于批评话语分析的研究，他们的批评话语分析理论基础建立在福柯的话语观、文学家 Jürgen Link 对福柯话语观的接受、继承和发展以及 A. N. Leontjew 的马克思心理学的行为理论之上[①]。重要的代表作有：《批评话语分析：导论》（*Kritische Diskusanalyse：Eine Einführung*）、《内涵之争——批评话语分析理论与实践》（*Deutungskämpfe. Theorie und Prax kritischer Diskursanalyse*）、《批评话语分析词典》（*Lexikon Kritische Diskursanalyse.*）、《语言、言说者、言说》（*Sprache. Sprecher. Sprechen*）、《感觉到的历史与身份之争》（*Gefühlte Geschichte und Kämpfe um die Identität*）等，这些研究成果是德国批评话语研究的重要成果，对德国该领域的研究起到了不容忽视的推动作用。另一位具有代表性的德国批评话语分析研究学者是 Reiner Keller，其代表作有《话语研究》（*Diskursforschung*）、《知识社会学的话语分析》（*Wissenssoziologische Diskursanalyse*）、《社会科学领域的话语分析手册》（*Handbuch Sozialiwissenschaftliche Diskursanalyse*）、《话语—权力—主体》（*Diskurs - Macht - Subjekt*）等。

第五节　小结

本章对话语及话语分析、批评性话语分析的哲学来源、理论基础和几种分析模式进行了概述，并对德国的话语分析研究现状

[①] Reiner Keller：*Wissenssoziologische Diskursanalyse*，Wiesbaden：VS Verlag für Sozialwissenschaften 2011：152.

进行了介绍。与主流语言学和话语分析相比较，批评性话语分析最大的特点在于将话语分析与社会分析紧密结合，强调话语和社会的辩证关系，认为话语受社会影响，并对社会具有反作用力。作为一种语言分析方法，批评话语分析已越来越多地应用到政治学、社会学、社会语言学、大众传播学等领域，成为社会科学研究的一个新视角。在批评话语分析几种典型的分析模式中，Fairclough 提出的三维分析框架为基础的社会文化/话语变迁分析方法受到广泛的关注和认可。Fairclough 认为，作为一种社会实践，话语组织并建构社会现实，参与并促进社会文化变迁；话语多角度地反映了社会现实，并通过在现实意识形态达到操纵和影响社会进程的效果；话语与知识信仰、价值观念、权力关系相互影响。本研究所采用的就是 Fairclough 的三维话语分析法，即将话语看作是一个文本、话语实践和社会实践的例子，从文本、话语实践和社会实践三个纬度上展开话语分析。

第四章

德国国家身份构建：文本分析

20世纪70年代以来，伴随着人文社会科学的"语言学转向"，语言和其他具有象征意义的符号被赋予了积极的构建意义。语言选择是实现身份构建的重要手段之一，而语言的选择发生在言语交际的各个层面，如语音、词汇、句法、语篇、话语策略等。

受篇幅限制，本书将从词汇、语法层面和语篇层面对默克尔关于德国统一的演讲进行语言表达策略的分析。重点考察词汇层面的词汇选择和隐喻、语法层面的及物性与情态、语篇层面的主述位结构，选择这些作为分析范畴的原因在于它们是各个层面中实现身份构建的重要和典型手段。

本章将从Fairclough的三维分析模型的文本分析角度，对默克尔与德国统一相关的公开演讲中的身份构建进行语言形式特征的分析。

以索绪尔为代表的结构主义语言学认为，符号由"能指"和"所指"构成，两者不存在动机的或理性的基础，能指和所指之间的关系完全是任意的。与此不同，批评话语分析则认为符号具有社会意义上的动机，符号的能指和所指之间存在社会理由。"特定的能指总是指向特定的所指，这反映在语言的词汇、语法、篇章结构等各个层次上。简单来说，内容决定着形式，形式为内容服务。"①

Fairclough 认为，文本分析可以从词汇、语法、连贯和文本结构四个方面依次展开，其中词汇主要涉及单词的选择和使用，语法处理的是小句及句子，连贯涉及小句与句子之间的连接方式和效果，文本结构则着眼于文本的组织特征。通过这些层面的文本分析，可以阐明文本语言所实施的三种元功能，即概念功能、人际功能和语篇功能。具体可考察：词汇化、隐喻、及物性、语态、语气、情态、文本的主述位结构、信息结构和衔接手段等。由于不同文本突出的语言特征不同，本书将挑选默克尔与德国统一相关的政治演讲辞中普遍具有的突出语言特征，从词汇表达策略、语法和语篇层面展开文本分析。

第一节　身份构建之词汇表达策略

一、词汇选择

韩礼德系统功能语言学认为，语言是一套庞大的符号系统，但并非所有合乎语法的句子的集合，而是意义的有规则的源泉——意义潜势（Meaning potential），是一个社会意义系统。这个系统通过概念功能、人际功能和语篇功能等三大语义功能提供意义潜势。意义可以体现为不同的语言形式，任何语言层面上的

---

① 熊伟：《话语偏见的跨文化分析》，武汉大学出版社2011年版，第101页。

选择在一定的语义组合中都是有意义的选择。"意义潜势与语言形式之间的体现关系是受其他因素如语境或社会关系等影响的"①,"语义的选择是由情景语境和文化语境决定的"②。"意义潜势"的特点是:

(1)"意义"有可扩展性,具有张力。"概念功能"表述经验意义,"语篇功能"构造语义衔接与连贯,"人际功能"建立和维护人际交往,这三个方面说明了语言的工具性特点,也证明了"意义潜势"的存在。(2)"意义"具有可选择性。在每个语言中心区域的语法驱动下,可以对意义做出选择。因此,意义是"一对多"或"多对一"关系,而非简单的"一对一"关系。(3)"意义"是由个体的意义行为修饰的系统资源,作为社会的个体,个体间必须在一个社会意义系统下经过互动揭示语言意义的奥秘。由此,"意义潜势"透视出系统功能语言学的意义语用观。

Fairclough 指出,话语生产者面临着词语运用和怎样用于此表达意义的选择。这些选择并不完全是个体性的,而是随着社会而变化的。"就语言系统的词汇层面而言,同一个词通常有多种不同的意义,而同一个意义也可以通过不同的词来表达。文本的生产者总是面临着一个如何去选择词汇和表达意义的问题,不同的词汇选择不仅反映了主客观世界中的人、物、行为和事件,还建构出人与人之间的关系并对其做出价值判断。"③

在以下的小节中,本书将从关键词的使用及意义和人称代词

---

① 朱永生、严世清:《系统功能语言学多维思考》,上海外语教育出版社2001年版,第144~145页。
② 杨林:《语义是一种潜势——浅析系统功能语言学的语义观》,载《文教资料》,2007年2月号下旬刊。
③ 熊伟:《话语偏见的跨文化分析》,武汉大学出版社2011年版,第102页。

的特点两个方面指出词汇选择在默克尔演讲构建国家身份中的重要作用。

（一）关键词

英国重要的社会主义思想家、学者雷蒙·威廉斯（Raymond Williams）所著的《关键词：文化与社会的词汇》一书是对词义进行批评性分析的重要著作。在此书中，作者阐明了挑选"关键词"的两个标准，"一方面，在某些情境及诠释里，它们是重要且相关的词。另一方面，在某些思想领域，它们是意味深长且具指示性的词。它们的某些用法与了解'文化'、'社会'的方法息息相关。"① 同时，他还指出"词汇意义的呈现要受到意识形态和权力关系的制约和争夺，词义在历史中的流变始终与政治社会利益的消长，以及合法性的斗争紧密纠缠在一起。"②

在默克尔与德国统一相关的政治演讲中，默克尔提出建立和塑造德国国家形象的问题，并不断地在演讲中引导听众认识到德国的欧洲身份和在国际事务中应扮演的角色。例如：

4–1 Was wird aus dem Ruf „Wir sind ein Volk" Entwickeln sich Selbstvertrauen und Selbstbewusstsein als geeinte Nation – ein Selbstbewusstsein, das integrierend wirkt statt diskriminierend? Welchen Platz wird Deutschland in Europa einnehmen? Wirkt es gemeinsam mit anderen Staaten in der Union für das europäische Gemeinwohl? Oder wird das größer gewordene Deutschland in Zukunft kompromisslos auf eigene Interessen pochen? Ich will nicht verhehlen: Diese

---

① 雷蒙·威廉斯：《关键词：文化与社会的词汇》，刘建基译，三联出版社2005年版，第7页。
② 熊伟：《话语偏见的跨文化分析》，武汉大学出版社2011年版，第103页。

Diskussion begleitete uns nicht nur im Jahre 1990, sondern sie begleitet uns auch heute, denn diese Fragen muss man immer wieder aktuell beantworten.（演讲6）

在例4-1中，默克尔肯定了统一后的德意志民族拥有更强大的自信与强烈的自我意识，进而将统一后的德国应在欧洲谋求何种位置以及以何种态度与形象参与到欧洲、乃至国际事务中去的问题提上日程。

在她的七篇演讲中，"德国"（Deutschland）和以"德国的、德国人的（deutsch-）"为词根的词、"今天"（heute）和以"今天的、今日的、目前的（heut-）"为词根的词、"自由（Freiheit）"、"世界（Welt）"、"欧洲（Europa）"和以"欧洲的、欧洲人的（europäisch-）"为词根的词、"未来（Zukunft）"、"责任（Verantwortung）"等词在其中频繁出现，无疑成为默克尔在这一主题演讲中的重要关键词。

表1 默克尔关于德国统一的七篇演讲辞中关键词出现频次

关键词	频次
Deutschland & deutsch-	115
heute & heut-	82
Freiheit & freiheitlich-	68
Europa & europäisch-	66
Welt	58
Zukunft	30
Mauer & Mauerfall	26
Verantwortung	20
Weg	17

续表

关键词	频次
Demokratie	16
Herausforderung	11

1. 德国、欧洲、世界

在默克尔的这七篇演讲辞中,"德国"或"德国的""欧洲"或"欧洲的""世界"或"世界的"高频次出现,无疑成为演讲辞中的重头戏。例如:

4-2 Schwarz-Rot-Gold, die Farben deutscher Demokratie, vom Hambacher Schloss bis heute, standen für ein Fest aus Fröhlichkeit, aus deutschem Selbstbewusstsein in des Wortes umfassender Bedeutung. Wer hätte gedacht, dass Deutschland und die Deutschen sich einmal so sympathisch, so ansteckend würden freuen können - nicht, weil sie Erste, sondern weil sie Dritte wurden? Wer hätte das früher für möglich gehalten? Die Welt hat ein neues Deutschland kennen gelernt. Auch das ist groβartig.（演讲1）

4-3 16 Jahre, von 1990 bis heute: Deutschland hat mich verändert und Deutschland hat uns alle verändert. Wenn ich dann aber frage, was bleibt, was macht für mich Deutschland vor 16 Jahren wie heute aus, wovon hängt Deutschlands Zukunft ab, dann hat sich für mich nichts, aber auch rein gar nichts verändert. Die Zukunft hängt davon ab, dass Deutschland ein Land ist, das die Kraft der Freiheit in sich trägt.（演讲1）

4-4 Der MP3-Player, ein mobiles Gerät, ist in einem deutschen Forschungsinstitut entwickelt worden. Aber wie bei so vielem anderen in Deutschland wurde aus dieser Idee leider kein Geschäft für Deutschland. Aus Ideen müssen in Deutschland in Zukunft schneller Produkte werden. Erfindung in Deutschland, Geschäft in Deutschland, Arbeitsplätze in Deutschland – das muss die Gleichung der Zukunft sein. （演讲 1）

4 – 5 Ich glaube, dass wir es schaffen können, dass wir zu einer dauerhaft nachhaltigen Wirtschaftsweise gelangen, dass wir unsere Innovationsfähigkeit im Wettbewerb mit den anderen Ländern der Welt erhalten, dass wir uns dem demografischen Wandel stellen und die Bildungsrepublik in vollem Umfang Wirklichkeit werden lassen, dass wir intensiv an der Gestaltung der europäischen Einigung arbeiten, dass wir als 500 Millionen Europäer unsere Stimme und unsere Werte in der Welt hörbar machen, sie gestalten und neue Formen der globalen Zusammenarbeit finden. （演讲 2）

4 – 6 Während zu Beginn des 20. Jahrhunderts noch rund jeder vierte Mensch auf der Welt in Europa lebte, wird am Ende unseres Jahrhunderts nur noch etwa jeder 13. Mensch ein Europäer sein. Von Deutschen will ich dabei gar nicht sprechen. Das heißt, wenn wir Europäer uns durchsetzen wollen, wenn wir interessante Ideen einbringen wollen, dann tun wir gut daran, zu kooperieren und so wenigstens mit 500 Millionen Menschen unsere Vorstellungen einzubringen. （演讲 3）

4 – 7 Aber wir haben durch das glückliche Erleben Ende der 80er beziehungsweise Anfang der 90er Jahre auch die Verpflichtung, dazu beizutragen, dass die Probleme dieser Welt besser gelöst werden

können. Wir haben das Unmögliche als möglich erlebt. Das gibt zumindest mir immer wieder die Kraft zu sagen: Lasst es uns auch an anderen Stellen auf der Welt versuchen, zum Beispiel im Nahostfriedensprozess oder im Kampf gegen den Terrorismus, der großen Herausforderung unserer Zeit. Da müssen wir völlig neu herangehen. Im Kalten Krieg gab es eine übersichtliche Ordnung. Da war die Welt in zwei Teile aufgeteilt. Beide Teile dieser Welt hatten das Ziel, selber zu überleben. （演讲3）

4-8 Meine Damen und Herren, heute wissen wir: es war eine epochale Zeitenwende, die Deutschland, Europa, ja auch die Welt, die damals in zwei Blöcke geteilt war, wieder zusammengeführt hat. Endlich war das Ende des Kalten Krieges gekommen. Es begann eine Ära der Einigkeit, des Rechts und der Freiheit - in ganz Deutschland und in ganz Europa. （演讲4）

4-9 Wenn man heute zurückblickt, was in den letzten 20 Jahren auf der Welt vorgegangen ist, dann sieht man, dass sich - ausgehend von Europa als dem Kontinent, auf dem sich der Kalte Krieg ja am stärksten manifestiert hat - auf der Welt fast alles verändert hat. （演讲5）

4-10 Dieses unser Europa ist unsere Zukunft. Ich sprach davon, dass wir in Europa noch gut sieben Prozent der Menschheit ausmachen; Deutschland selbst bringt gerade noch gut ein Prozent auf die Waage. Selbst wenn wir also der Meinung sind, dass wir die größte europäische Volkswirtschaft sind, werden wir auf dieser Welt allein kaum etwas bewegen können. （演讲7）

4-11 Das, was Sie heute schon besprochen haben, zeigt, dass die Welt eigentlich ganz einfach sein könnte, wenn alle diese ,, breakthroughs " eintreten. Aber ich habe keine besonders einfache Lösung. Dennoch glaube ich, dass es wichtig ist, die Welt immer wieder neu zu betrachten. （演讲7）

"第二次世界大战"以后，德国作为战败国领土被一分为二，东西德分别受西方三国美、英、法和苏联接管，德国政府名存实亡，德国国家形象深受重创。默克尔的政治演讲流露出改变德国国家形象的急切愿望。如表一所示，在她的演讲中，高频次出现的词汇直接反映了默克尔演讲的主要意图：统一后的德国迫切需要塑造出一个独立自强、宽容开放、多元文明、具有人类责任感、立足欧洲、融入世界的国家形象。具体地说，关键词"德国（Deutschland）""德国的、德国人的（deutsch-）"的大量出现强调了德国作为统一的、主权独立的国家的存在，强化了德国作为一个统一的国家的国家形象；"欧洲（Europa）""欧洲的、欧洲人的（europäsich-）"的大量使用，指出欧洲政治、经济、文化日益呈现一体化趋势，强调了德国的欧洲属性及在欧洲的重要位置；"世界（Welt）"一词的多次出现则体现了德国要更多地参与全球事务，企图建立良好、强大的国际形象的决心和目标。在全球经济一体化的国际背景下，国家间、地区间的联系日益紧密，"国界"一词已经相对弱化，跨文化与多样性成为鲜明的时代特征，塑造一个开放、兼容并蓄的国家形象是适应国家稳定和发展、增强德国文化吸引力的客观要求。

2. 今天

4-12 Wenn wir uns heute anschauen, wo wir stehen, dann ist vieles wunderbar. Wir haben in den letzten Monaten zum ersten Mal wieder Arbeitslosenzahlen gehabt, die in etwa so sind, wie sie kurz nach der deutschen Wiedervereinigung waren. Es gibt weniger als eine Million Arbeitslose in den ostdeutschen Ländern. Es gibt, was vielfach vergessen wird, heute in den neuen Bundesländern eine um durchschnittlich sieben Jahre höhere Lebenserwartung von Männern und eine um sechs Jahren höhere Lebenserwartung von Frauen. （演讲5）

4-13 Ich glaube, wir können heute sagen: Ob West oder Ost, wir haben es gemeinsam geschafft, Vertrauen zu gewinnen – Vertrauen darauf, dass die Chancen der Freiheit eines geeinten Deutschlands genutzt und nicht auf Kosten anderer ausgenutzt werden. （演讲6）

4-14 Heute haben viele Städte nicht nur Kirchen und vielleicht eine oder sogar mehrere Synagogen. Heute stehen in vielen Städten Deutschlands auch Moscheen. （演讲6）

4-15 Um im Bild des heutigen Tages zu bleiben: Es ist eigentlich Zeit und Chance für einen Durchbruch zu einem neuen Europa. （演讲7）

默克尔在演讲辞中对"今天（heute）""今天的、今日的、目前的（heuti-）"的频繁使用强调了要立足今日、着眼当下，意在提醒德国民众摆脱以往屈辱、黑暗的德国历史，告别沉重的昨天，面对眼前的现实，告诉民众应注意到当下德国良好的政治经济文化氛围，暗示德国的政治、经济、科技等各方面状况今非昔比，德国民众应振奋信心，向世界展现德国不同以往的崭新面貌。

3. 自由、民主

4-16 Die Kraft der Freiheit, das Land der Ideen, Verantwortung in der Welt – das machte Deutschlands Stärke vor 16 Jahren aus und das macht sie heute aus. Davon hängt unsere gemeinsame Zukunft ab. （演讲1）

4-17 Es hat sich gezeigt, wohin es führt, wenn wir Freiheit so verstehen, dass es vor allen Dingen um Freiheit von etwas geht. Wir haben gelernt, dass Freiheit und Verantwortung zusammengehören: Freiheit in Verantwortung, Freiheit in einer Ordnung der Sozialen Marktwirtschaft, so wie wir sie in Deutschland leben, Freiheit in einem Staat, der als Hüter dieser Ordnung auftritt. （演讲2）

4-18 Die Wiedervereinigung Deutschlands am 3. Oktober 1990 bedeutete ja nichts anderes als einen Sieg von Freiheit und Demokratie über Diktatur und Unfreiheit. Der 3. Oktober 1990 bedeutete den Sieg einer marktwirtschaftlichen, freiheitlichen Ordnung über ein planwirtschaftliches System, das nicht funktionieren konnte. Der 3. Oktober 1990 bedeutete den Sieg von Partnerschaft und Freundschaft über Block-Konfrontation und Kriegsgefahr. Die Kraft von Freiheit und Demokratie – das ist es, was zählt. In diesem Geist feiern wir nun zum 19. Mal den 3. Oktober. （演讲2）

4-19 Mit dem Ende des Kalten Kriegs Ende der 80er Jahre und dem Siegeszug der Freiheit hat die Demokratie in einem unglaublichen Maße gesiegt. （演讲5）

默克尔将1990年两德的统一和"冷战"的结束视为"自由"

与"民主"的胜利,并认为德国未来的强盛离不开"自由"与"民主"。同时,她强调"自由"是有条件的,即负有责任感的自由、以维护德国现行社会、经济秩序和制度为前提的"自由",这与以美国为代表的西方发达国家所宣扬的"民主""自由"不谋而合。

4. 未来、责任、挑战

4 – 20 Ich habe mich begeistert für ein Land, das gelernt hat, dass erst aus dem Bewusstsein für die immerwährende Verantwortung gegenüber unserer Geschichte, auch ihren dunkelsten Teilen, die Kraft zur Gestaltung der Zukunft erwächst. (演讲1)

4 – 21 1990 wie heute hängt Deutschlands Zukunft auch davon ab, dass es in der Gemeinschaft mit anderen Verantwortung in der Welt wahrnehmen kann. Diese Verantwortung ist größer geworden. (演讲1)

4 – 22 20 Jahre später haben aber die Ereignisse der weltweiten Finanzkrise unseren Blick dafür geschärft, was passiert, wenn Freiheit und Offenheit nicht an Verantwortung gekoppelt bleiben. Jetzt haben wir die Aufgabe, ein neues Verhältnis von Freiheit in Verantwortung zu entwickeln. (演讲2)

4 – 23 Jetzt ist es Zeit für eine gemeinsame Gestaltung der Zukunft, denn in diesen Jahren geht es in besonderer Weise um die Zukunft unseres Landes und auch um die Bewältigung globaler Herausforderungen. (演讲2)

4 – 24 Das gibt zumindest mir immer wieder die Kraft zu sagen: Lasst es uns auch an anderen Stellen auf der Welt versuchen, zum

Beispiel im Nahostfriedensprozess oder im Kampf gegen den Terrorismus, der großen Herausforderung unserer Zeit. （演讲3）

4 – 25 Wir können dies erfolgreich, weil wir verstehen, dass wir eine gute Zukunft erst im Bewusstsein unserer immerwährenden Verantwortung für die Vergangenheit gestalten können. （演讲6）

4 – 26 Dabei sollten wir nicht nur die aktuellen Schuldenprobleme überwinden, sondern eben auch an das Morgen und daran denken, nicht weiter auf Kosten der Zukunft zu leben. Das bedeutet also eine Wende zu mehr Nachhaltigkeit. Dieses unser Europa ist unsere Zukunft. （演讲7）

为了鼓舞士气、树立德国在国际社会的正面形象，默克尔演讲辞一再提及"未来（Zukunft）""责任感（Verantwortung）"和"挑战（Herausforderung）"。"未来"强调向前看，给人以希望和期盼，"责任感"强调德国值得信赖，"挑战"则表现出德国对未来有着充分的认识和信心。对这些词汇的强调一方面是为了显示德国政府对未来发展的期待、对可能遇到的问题和困难有所认识并做好准备，另一方面则是为了说明德国作为国际社会的一份子是具有责任感与使命感的，试图树立一个既有勇气和责任正确对待自己的历史，又能面向未来、立足发展、肩负起国际责任的、有能力的国家形象。

5. 柏林墙、道路

4 – 27 Die Menschen in der ehemaligen DDR haben mit ihrem Mut den historischen Weg zur Deutschen Einheit geebnet. （演讲2）

4 – 28 Dafür gibt es keine Lehrbücher, sondern das ist wieder ein Weg ins Offene, in eine neue Zeit, in der wir die Chancen der Krise

nutzen sollten. （演讲2）

4-29 Das heißt, wenn Sie heute Probleme lösen und Mauern einreißen wollen, dann müssen Sie sich automatisch mit anderen Teilen der Welt intensiv beschäftigen. Es ist, glaube ich, noch eine der ganz großen Mauern, die wir in einer globalisierten Welt zu überwinden haben, dass wir ja oft schon Schwierigkeiten haben, die richtigen Fragen zu stellen. （演讲3）

4-30 Meine Damen und Herren, das historische Ereignis des Mauerfalls zum Anlass zu nehmen, den Blick nach vorne zu richten und zu fragen, welche Mauern als nächstes fallen – das ist die brillante Idee dieser Konferenz. （演讲7）

4-31 Wenn wir nicht nur an heute, sondern an morgen denken wollen, dann heißt das: Wir müssen den Weg in eine Stabilitätsunion einleiten. （演讲7）

柏林墙及其倒塌意味着德国旧时代的结束与新时代的开始，这也意味着德国告别了过去的旧形象，迎来新的身份。在政治演讲中"道路"一词往往用来指发展方向与趋势，预示着未来的可能性。默克尔用"道路"一词暗示德国发展有路可走，有未来可期待，认为两德统一符合历史发展规律，是历史发展的必然结果。同时，"道路"一词也预示着发展需要一段时间和历程，号召所有人齐心协力克服在这个过程中可能遇到的问题与困难。在例4-28中，默克尔更用"ins Offene""in eine neue Zeit"暗示这段路程是通往开放、崭新时代的路程，是一段有着美好前景与未来的历程。

综上，默克尔演讲中的这些关键词勾勒出了一个"统一的德国"、"欧洲的德国"和"世界的德国"的国家形象。"统一的德国"强调了德国国内的稳定和谐,有利于安抚民心、鼓舞士气、增强国家凝聚力;"欧洲的德国"强调德国的欧洲属性,代表着欧洲利益,突出了德国在欧盟的核心地位;"世界的德国"显示了德国开放、包容的态度,昭示德国愿意并有能力为世界和平与安全助力,有意在国际舞台上扮演更为重要的角色,从而帮助德国提升在欧盟及国际上的国家威望。

(二)人称代词

韩礼德的系统功能语法将语言的功能分为概念功能、人际功能和语篇功能,而这三大元功能体现在一个词汇语法系统中。其中,概念功能包括及物系统、语态系统和归一性系统;人际功能包括语气系统、情态系统和语调系统;语篇功能包括主位系统、信息系统和衔接系统。语言通过其概念功能构成知识和思想体系,通过人际功能帮助形成主体和主体之间的社会关系,通过语篇功能使语言与语境发生联系。

在语气系统中,主语是一个重要的组成部分,主语中人称代词的使用具有非常重要的意义。在许多语言里,人称代词的选择往往受到交际双方的社会地位、权力关系和亲疏程度的限制[①]。

演说语篇中的代词具有指向性,透露出演讲者如何看待他与听众之间的关系,这些代词具有人际功能的意义。Beard 曾指出,政治家和他们的撰稿人对演讲中使用什么代词破费心机,成功或失败后他们自己准备承担多大的责任,他们有多大的把握相信公

---

① 王冬梅:《批评性话语分析的理论来源及主要方法》,载《重庆科技学院学报(社会科学报)》,2008 年第 8 期。

众接受他们的观点，这些功能都是要通过代词来实现的。① "人称代词在语义上表明该词和其指代对象的关系。人称代词的选择可以反映交际双方的权力关系和亲疏程度。分析人称代词的使用可以发现演讲者对听众的态度及语篇中隐含的社会政治关系。"②

话语—历史分析学者们进一步指出，人称代词，尤其是人称代词"我们"（wir）的使用传递了一种内在的一致性："我们"其内在的特性极好地推动了言语的兼并性与殖民性。③此话可以理解为，人称代词"我们"的使用化解了听话者与说话者之间的距离感，甚至敌意，并在无形中将说话者的观点与认识加诸听话者，并将听话者纳入说话者的阵营，从而促使听话者对说话者及其所述内容产生认同感。

纵观默克尔的七篇演讲，默克尔在其中大量使用了"我们"（wir、uns）、"我们的"（unser-）等复数第一人称的表达方式，其中 wir 出现 283 次，uns 出现 99 次，unser- 出现 99 次。例如，

4-32 Gehen wir ins Offene, sehen wir die Chance des Risikos, wecken wir die Kraft der Freiheit für Solidarität und Gerechtigkeit, setzen wir Ideen in Taten um und tun dies in dem Geist, der unser Land stark gemacht hat – in dem Geist von Einigkeit und Recht und Freiheit für das deutsche Vaterland. （演讲 1）

---

① 苑春鸣、田海龙：《英汉政治语篇的对比分析与判断分析》，载《天津商学院学报》，2001 年第 5 期。
② 张敏：《用批评话语分析解读奥巴马的演讲》，载《哈尔滨学院学报》，2012 年第 12 期。
③ 笔者译。参见 Ruth Wodak: Zur diskursiven Konstruktion nationaler Identitä, Frankfurt a. M.: Verlag Frankfurtam Main, 1998: 99. 原文是："Die dem 'Wir' inhärenten Eigenschaften eignen sich trefflich dazu, verbalen Annexionismus und Imperialismus zu betreiben."

<<< 第四章 德国国家身份构建：文本分析

4-33 Aber wenn wir genau hinschauen, dann sehen wir, dass es vielleicht gerade diese Unzulänglichkeiten, diese Herausforderungen sind, die uns jetzt dabei helfen können, ein neues Miteinander zu schaffen, wenn es uns gelingt, aus alten Schützengräben herauszuklettern.（演讲2）

4-34 Ich glaube, dass wir es schaffen können, dass wir zu einer dauerhaft nachhaltigen Wirtschaftsweise gelangen, dass wir unsere Innovationsfähigkeit im Wettbewerb mit den anderen Ländern der Welt erhalten, dass wir uns dem demografischen Wandel stellen und die Bildungsrepublik in vollem Umfang Wirklichkeit werden lassen, dass wir intensiv an der Gestaltung der europäischen Einigung arbeiten, dass wir als 500 Millionen Europäer unsere Stimme und unsere Werte in der Welt hörbar machen, sie gestalten und neue Formen der globalen Zusammenarbeit finden. Für mich war das vergangene Jahr bei all den Schrecknissen und dem Blick in den Abgrund dessen, was Wirtschaft anrichten kann, auch ein Jahr der Hoffnung, in dem es zu einer völlig neuen Zusammenarbeit der 20 führenden Industrienationen gekommen ist, die wir so in der Geschichte der Welt noch nicht hatten.（演讲2）

4-35 Wir haben das in Mittel - und Osteuropa geschafft. Wir sind heute, wie ich es zum 50. Jahrestag der Unterzeichnung der Römischen Verträge gesagt habe,, zu unserem Glück vereint ". Wir haben es jetzt sogar mit 27 Mitgliedstaaten geschafft, eine neue Vertragsgrundlage zu ratifizieren. Demokratie, das haben wir inzwischen alle erlebt, erfordert auch ein hohes Maß an Geduld. Jeder ist gleich wichtig, deshalb muss man auch jeden überzeugen. Das kann man in

71

der Europäischen Union an vielen Beispielen erleben. Aber wenn wir hier in Deutschland unsere Art zu leben weiterverbreiten wollen, weil wir diese Art auch für andere Teile der Welt als faszinierend empfinden, dann können wir Deutsche mit 80 Millionen Einwohnern nicht mehr allzu viel ausrichten. （演讲3）

4 – 36 Nutzen wir also das unschätzbare und alles andere als selbstverständliche Gut der Freiheit. Folgen wir gemeinsam weiter ihrem Ruf. Wir haben es in der Hand, auch die Grenzen unserer Zeit zu überwinden, so wie es uns 1989 hier in dieser geteilten Stadt gelungen ist. Wenn wir daran glauben, werden wir es schaffen – angespornt von der Idee der Freiheit. （演讲4）

4 – 37 Wer wollte das bestreiten? Gegen sie müssen wir mit aller Konsequenz vorgehen. Wir können dies erfolgreich, weil wir verstehen, dass wir eine gute Zukunft erst im Bewusstsein unserer immerwährenden Verantwortung für die Vergangenheit gestalten können. （演讲6）

4 – 38 Wissenschaftliche Fortschritte sind entscheidend, um Herausforderungen globaler Natur sinnvoll anzugehen. – Das haben Sie heute an einigen Beispielen auch schon getan. – Deshalb ist es so wichtig, dass Deutschland Wissenschaftsstandort bleibt, ja sogar an Attraktivität gewinnen muss. Wenn wir uns einmal vor Augen führen, was unsere Chancen und unsere Vorzüge sind, dann sehen wir, dass das Wissen, der Erfindungsreichtum, die Kreativität unsere großen Ressourcen sind. Wir sind weder reich an Bodenschätzen noch lässt unsere demografische Situation erwarten, dass wir ein wachsender Markt in wahnsinnigen Größenordnungen sind. Wenn man von uns Geld

haben will, müssen wir auch eher auf unsere Schulden verweisen. Unser Schatz sind also unsere Köpfe, unsere Fähigkeiten, unsere Geschichte und unsere Tradition, aus der wir etwas machen können. Deshalb investieren wir in kluge Köpfe. Wir wissen, dass sich das auf Dauer auszahlt.（演讲7）

从语用角度来看，第一人称的使用有外排（exclusive）和内包（inclusive）两种功能。外排功能产生疏远对方的效果，而内包功能能拉近与听话者之间的距离，给人以休戚与共、同仇敌忾的感觉。在默克尔的演讲中出现的第一人称表达方式皆属于内包性质的，使听者感觉到是在代表德国人民说话，也就是演讲者和受话人，甚至和所有德国人民在利益和思想感情上是完全一致的。

在默克尔的演讲中，她号召全体德国人共同为德国的经济发展和进步做出共同的努力，其中大量使用了"我们""我们的"这样的第一人称复数形式，将自己、德国政府和德国民众融为一体，强调其共同利益的一致性，让德国民众意识到国家的经济发展与每个人息息相关、不可分割，强调德国政府与民众共同面对经济发展的机遇与挑战，国家经济发展的任务和努力方向即是每个德国公民的任务和努力方向，大大拉近了德国政府与德国民众的距离，消除了德国民众可能存在的对德国政府的敌对意识，增加了演说者的亲和力和演讲的说服力，使听话者产生共鸣与认同，从而有助于树立正面、积极的和负责任的国家形象。

二、隐喻

"批评语言学家不赞成传统语言学家把语言单纯视为人们交

流思想的客观透明的工具，认为语言可以传播世界观和价值观，是社会秩序的一种永恒的介入力量。任何一种语义内容都有无数种语言可供选择，人们最终的选择是展现现实的许多可能的版本中的一种，即这种选择提供了一种看待世界的方式。人们之所以做出这样的选择是由他们的意识形态决定的。在政治领域，隐喻被比作人的血管，向政治输送维持生命必需的营养和血液。"[1]语言学家 Mio 和 Katz 在《隐喻暗示与应用》（*Metaphor implications and Applications*, 1996）中指出，政治家们借助隐喻暗示政治问题或政治事件的解决办法和行动方向，希望大众按照隐喻所暗示的建议去行动。[2] Stone 将隐喻视为政策分析中策略性表述的重要手段。表面上看，隐喻只是把一事物与另一事物类比，然而隐喻往往以巧妙的方式隐含一个完整的叙述故事并提供行动的建议。

在 Fairclough 看来，隐喻普遍存在于所有种类的语言和话语中。当话语生产者通过一个特定的隐喻表达事物时，就是在以一种特定的方式建构社会现实。隐喻通过一种普遍的、根本的途径，构建了人们的思维方式、行为方式、知识体系和信仰体系。在现代社会中，越来越多地通过意识形态，尤其是通过语言的意识形态功能进行权力运作。

在政治演讲语篇中，隐喻成为政治家们在日常生活世界和抽象世界之间建立联系的有效工具，借此实现两者之间的相似性转换，引导听众用熟知的日常生活世界的概念和观点去理解和接受

---

[1] 林宝珠：《从认知视角解构政治演讲中隐喻的意识形态操控》，载《外国语言文学》，2009 年第 4 期。
[2] 参见 Mio, Jeffery Scott & Katz, A. N.（eds）：*Metaphor implications and Applications*, New Jersey: Lawrence Erlbaum Associations Publishers, 1996: 131.

其相对抽象的政治主张等。"隐喻的工作机制是通过选择和突显来源域和目标域，从而达到认识目标域的目的。突显来源域的某些因素必定要隐藏另一些因素，这与主体灵魂深处的思想观念有密切关系。"① 王一川在《语言的乌托邦》一书中指出，语言的权力在于隐喻的权力。隐喻的权力体现为对事物之间相似关系的建构权，借助建构权，政治家们把隐喻作为重新分类的工具，对事物做出有利于自己的界定、划分与归并。隐喻构建社会现实，强化话语者的意识形态，谁控制了隐喻的建构权谁就拥有了心智的统治权。

2004年，Charteris-Black 提出了一种新的隐喻分析方法——批评隐喻分析（Critical Metaphor Analysis）。批评隐喻分析"综合运用语料库分析、语用学和认知语言学的研究方法分析隐喻的语言、语用和认知特征，揭示话语群体的信仰、态度和感情。它用语料库方法识别隐喻，从语用和认知角度阐释隐喻，通过对隐喻的话语功能进行分析确定其意识形态和修辞基础。"② 它"把语言的分析与社会历史文化因素相结合，因此可以从历史的角度分析说话者在特定历史时期、特定的语篇类型中使用这种隐喻表达式而非其它表达使得意识形态动机。"③

在《批评隐喻分析之语料库研究方法》（*Corpus Approach to Critical Metaphor Analysis*）中，Charteris-Black 提出隐喻具有语

---

① 林宝珠：《从认知视角解构政治演讲中隐喻的意识形态操控》，载《外国语言文学》，2009年第4期。
② 纪玉华、陈燕：《批评话语分析的新方法：批评隐喻分析》，载《厦门大学学报（哲学社会科学版）》，2007年第6期。
③ 赵雪梅：《隐喻的批评性分析——批评隐喻分析》，载《外语艺术教育研究》，2010年第3期。

言、语用和认知特征,通过分析语篇中的隐喻,可以达到揭示隐藏在隐喻背后的政治或意义形态动机。批评隐喻分析分三阶段进行:(1)隐喻的识别:收集并分析(文本和会话)中的隐喻特征;(2)隐喻的阐释:概括其所代表的概念隐喻,考察通过隐喻建构起来的社会关系;(3)隐喻的说明:分析隐喻之间的相互关系,分析影响或制约人们信仰和行为的思维模式。① 这三个阶段类似于 Fairclough 提出的语篇分析三步骤——"描述、阐释和解释",而语篇分析三步骤的提出又源于韩礼德关于语言三大元功能的阐述,即语言的概念功能、人际功能和语篇功能。②

Chartieris – Black 认为,隐喻利用语言激发人们潜意识中的情感潜势,影响着人们的信念、态度和价值观;隐喻通过在始源域和目标域之间建立积极或消极的联系,对我们建立在好与坏的区分上的价值观和信念产生潜移默化的影响。隐喻中融入了作者的思想和价值观念,构成了文本意识形态的一部分。用批评的方法对有权势的人物(如政治家、媒介大王、神权统治者)的语言进行隐喻分析,可以揭示影响他们选用表达情感的词语的因素。

话语历史研究者 Wodak 认为,隐喻在内团体(Ingroup)和外团体(Outgroup)的建构中起着重要的作用,它们往往涉及集体符号和能被同一个言语团体迅速领会的文化成见。语言学家 Lakoff 和哲学家 Johnson 认为,人的感觉,思维和行动受一个"概念体系",即精神上的、由话语建构的世界模型主导,而这个概念体系大部分是隐喻构成的。

隐喻的本质和隐喻影射机制决定了隐喻在政治演讲语篇中具

---

① 熊伟:《话语偏见的跨文化分析》,武汉大学出版社 2011 年版,第 116 页。
② 赵雪梅,第 35 页。

有信息加工筛选功能、移情功能和凝聚功能，政治演讲者发挥隐喻的劝导功能劝导大众接受某一政治观点，引导大众意识形态，达到维持、巩固或颠覆现有社会权力的目的。隐喻的使用是有选择性的，与演讲的跨文化语境和政治动机密切相关。隐喻不仅表达了演讲者的政治立场、意识形态、价值观念等方面，其直接或间接评价义和劝导力还对听众情感、观念及听众对演讲者的印象都产生重要的影响。[1] 演讲者选择了什么样的隐喻透露了演讲者的政治动机，会对听众观念起到重要的影响。演讲中的隐喻能帮助说话者有效地实现其说话意图、恰到好处地体现演讲者的主张和倾向，潜移默化地引导和影响受众。

在关于德国统一的演讲中，默克尔大量地运用隐喻说明观点、表达态度。本书将这些隐喻分为物体隐喻、道路隐喻、角色隐喻、战争隐喻和故乡隐喻四类，并将在下文中对隐喻产生的情景语境和社会文化语境进行分析说明。

（一）物体隐喻

在默克尔的演讲中，关于物体的隐喻主要有柏林墙隐喻、钥匙隐喻、门隐喻、混凝土隐喻、礼物隐喻、幕墙隐喻、柜子隐喻。其中，出现最频繁的是墙的隐喻。例如：

4-39 Es ist, glaube ich, noch eine der ganz großen Mauern, die wir in einer globalisierten Welt zu überwinden haben, dass wir ja oft schon Schwierigkeiten haben, die richtigen Fragen zu stellen. （演讲3）

4-40 Wir müssen natürlich auch die Mauern einreißen zwischen

---

[1] 熊伟：《话语偏见的跨文化分析》，武汉大学出版社2011年版，第117页。

unserem Lebensanspruch und dem, was wir gedenken, für die zukünftigen Generationen übrig zu lassen. （演讲3）

4 - 41 Das heißt, eine der spannendsten Fragen, Mauern zu überwinden, wird sein: Sind Nationalstaaten bereit und fähig dazu, Kompetenzen an multilaterale Organisationen abzugeben, koste es, was es wolle; und sei es auch in Form einer Verurteilung? （演讲3）

4 - 42 Ich finde es schön, dass Sie sich heute hier versammelt haben, um den 9. November zu nutzen, um über die Mauern unserer Zeit zu diskutieren und zu überlegen: Wie können wir da herauskommen? Diese Art von Denken brauchen wir. （演讲3）

4 - 43 Meine Damen und Herren, das historische Ereignis des Mauerfalls zum Anlass zu nehmen, den Blick nach vorne zu richten und zu fragen, welche Mauern als nächstes fallen - das ist die brillante Idee dieser Konferenz. （演讲7）

4 - 44 Dann wird der Tag der Deutschen Einheit immer das bleiben, was er für mich seit 1990 ist: Ein Tag der Freude und ein großes Geschenk. （演讲1）

4 - 45 Heute vor 20 Jahren öffnete sich die Mauer, es öffnete sich das Tor zur Freiheit. （演讲4）

4 - 46 Die Zukunft hängt davon ab, dass Deutschland ein Land ist, das die Kraft der Freiheit in sich trägt. Sie ist und bleibt für mich der entscheidende Schlüssel, damit Gerechtigkeit und Solidarität eine Zukunft haben. （演讲1）

4 - 47 Mit dem 9. November 1989 verbinden Menschen aller Welt hingegen ein unbeschreibliches Glück: das Glück vom Fall der Mauer

<<< 第四章 德国国家身份构建：文本分析

hier in Berlin. Es ist ein Glück, das zum Ende des Kalten Krieges geführt hat. Der Drang nach Freiheit und der Mut der Menschen waren stärker als Beton. （演讲7）

德国统一通常被视为"战后"欧洲历史发展的重大转折点，标志着"战后"形成的以德国分类为特征的"雅尔塔体系"的终结。在默克尔演讲中，柏林墙的倒塌更被看作是"冷战"的结束、对外开放和通向自由民主的象征。在两德统一前，柏林墙是一道隔离东西德的实体，在两德统一后，柏林墙则具有了"阻碍、矛盾、藩篱"的抽象意义。当然，在不同的语境中，"墙"有着不同的具体含义。例如，在演讲3中，默克尔指出世界是一个整体，全球化趋势势不可挡，各国间、不同的文化间需要合作与交流，它号召大家打破地域和观念的局限，持开放、包容的心态去认识和了解不同于己国的历史和文化。在这样的语境中，例4-39中的墙隐喻着对不同历史和文化所持有的防备心、封闭、保守、不友好的态度和妨碍人们认识、接纳、融入和进步的各种藩篱和禁锢。在这篇演讲中，默克尔还用墙隐喻人们的当下的生活需求与未来经济、环境发展之间的矛盾，如例4-40。默克尔在谈到主权国家在加入多边国际组织后，是否应遵守国际组织规则，尊重多数成员国意见，履行成员国义务时，用墙隐喻成员国坚守游戏规则与放弃独断意见之间的现象与行为，引导受众认识到这种现象与行为是割断解决道路、影响畅通的阻碍，如例4-41。在例4-42和例4-43中，"墙"则隐喻着当前时代背景下，德国所面临的各种亟待解决的问题。在关于德国统一的演讲中，默克尔用"墙"的隐喻引导听众认识到封闭、自大、固步自封是国家进步与发展的阻碍，号召德国人打开思想禁锢，认清全球化不可阻挡的趋势,持有开放心态和积极、合作的态度认识和了解世界上不同的文化和历史,把握机遇,更好地建设德国美好的未来,表明了德国政府带领德国人民冲破障碍、勇往直前的决心和信心。

　　两德统一后,虽然原民主德国地区受到了原西德地区巨额的财政支持,经济状况有所好转,但东西部地区经济仍然存在着巨大的差距。统一后,许多东部人因社会环境和个人境遇的巨大改变产生了失望和不满情绪,失落与不安全感增强;而西部人则认为援助东部经济发展使西部财政不堪重负,逐渐失去统一之初的热情。① 德国社会始终对两德统一有不满的声音。在这样的国内背景下,默克尔试图纠正民众对统一的否定和负面情绪,在演讲中她还使用了礼物隐喻、钥匙隐喻、混凝土隐喻,意在向听众传递正面、积极的信息。例4-44中她用"礼物"隐喻着两德统一。礼物作为馈赠,给人带来美好、友善、收获的感受,意指两德统一是美好而值得感恩的。此外,默克尔用具有开放性特征的"大门"(例4-45)隐喻柏林墙倒塌带来的通向"自由"的机遇,并用"钥匙"(例4-46)隐喻统一后的德国具备了建立和把握一个公平、团结的未来的条件,将德国人民对"自由"的向往和勇气比作比"混凝土"(例4-47)还要坚硬,以此赞扬和鼓励德国民众的坚韧、勇敢。通过这些隐喻,德国政府对两德统一旗帜鲜明地表明了赞扬和支持的态度和坚定维护的决心。

　　而对于两德统一前的状况,默克尔在演讲中则采用了负面、消极的隐喻,以表达对统一前两德状况的否定态度。例如:

---

① 孙春玲:《德国统一11年回顾总结》,载《国际资料信息》,2001年第10期。

<<< 第四章 德国国家身份构建：文本分析

4-48 Das heiβt also, das Ende des Kalten Krieges, der Fall der Mauer in Berlin, die Vereinigung Europas, auch das viel bessere Zusammenleben mit Russland und die Beendigung der Bipolarität der Welt haben einen Vorhang aufgerissen, hinter dem nicht eine wohlgeordnete Welt liegt, auf die wir nun wie in ein schönes Land blicken können, sondern es sind völlig neue Konflikte entstanden. （演讲3）

4-49 Meine Damen und Herren, gemeinsam konnten wir den Eisernen Vorhang beseitigen. （演讲4）

4-50 Das Leben in der DDR war in weiten Teilen von Unfreiheit geprägt. Man konnte sich mit manchen Gepflogenheiten zwar arrangieren und ein Leben in bestimmten Schranken führen. （演讲6）

在例4-48和例4-49中，"幕墙"和"铁幕"隐喻着原东西德地区敌对、互不往来的"冷战"状态，指出德国的分裂状态严重阻碍了整个德意志民族的发展，在例4-50中，默克尔更是用"柜子"隐喻原民主德国人民的封闭、闭塞、缺乏选择性的生活。

（二）路途隐喻

4-51 China und Indien werden ihren Weg gehen. （演讲1）

4-52 Die Menschen in der ehemaligen DDR haben mit ihrem Mut den historischen Weg zur Deutschen Einheit geebnet. （演讲2）

4-53 Dafür gibt es keine Lehrbücher, sondern das ist wieder ein Weg ins Offene, in eine neue Zeit, in der wir die Chancen der Krise nutzen sollten. （演讲2）

4-54 Das Band, das uns vereint, muss dabei sein, dass wir uns nicht mit Unzulänglichkeiten abfinden, sondern nach Wegen suchen,

81

Lösungen zu finden. （演讲2）

4 – 55 Das heißt, das simple Prinzip der Abschreckung wie im Kalten Krieg funktioniert nicht. Deshalb müssen wir völlig neue Wege gehen. Auf denen bewegen wir uns tastend voran. （演讲3）

4 – 56 Deshalb kann man sich auch nicht vor diesen Bedrohungen wegducken, sondern man muss gemeinschaftlich versuchen, zu ihrer überwindung andere Wege als diejenigen zu finden, die wir aus dem Kalten Krieg kennen. （演讲3）

4 – 57 Toleranz erfordert, sich in die Gedankenwelt des anderen hineinzuversetzen, sich mit seiner Geschichte und seinen Gefühlen zu befassen, mit dem, was er in seinem Leben erlebt hat, und aus dieser Perspektive heraus ihn zu verstehen versuchen, um mit dem anderen einen gemeinsamen Weg in die Zukunft zu finden. （演讲3）

4 – 58 Damit wurde der Weg für einen bemerkenswerten und folgenreichen Entschluss geebnet: Jüdische Bürger der ehemaligen Sowjetunion erhielten die Möglichkeit, nach Deutschland zu kommen. （演讲6）

4 – 59 Die Schuldenkrise ist ja nicht nur etwas sehr Unerfreuliches, sondern in des Wortes Bedeutung auch ein Moment der Entscheidung, ein Wendepunkt, ein Augenblick der Umkehr und damit wiederum auch eine Chance, einen neuen Weg einzuschlagen. （演讲7）

4 – 60 Wenn wir nicht nur an heute, sondern an morgen denken wollen, dann heißt das: Wir müssen den Weg in eine Stabilitätsunion einleiten. （演讲7）

在默克尔关于德国统一的演讲辞中大量地出现路途隐喻。在

82

演讲辞中，默克尔将路途比作机会、解决问题的方法手段以及未来发展的方向。她试图通过路途隐喻告诉大家，德国的发展有路可走，有希望可期待，是一个充满未来和希望的国家，旨在给正处于金融危机中的德国人提振信心，增强走下去的意志。为听众展现了一个敢于面对问题和困难，积极寻找解决办法的、有行动力、负责任的国家形象。

（三）角色隐喻

4 - 61 Wir haben gelernt, dass Freiheit und Verantwortung zusammengehören: Freiheit in Verantwortung, Freiheit in einer Ordnung der Sozialen Marktwirtschaft, so wie wir sie in Deutschland leben, Freiheit in einem Staat, der als Hüter dieser Ordnung auftritt. （演讲2）

4 - 62 Deutschland ist bei der Entwicklung erneuerbarer Energien, den Umwelttechnologien, der Energieeffizienz und den politischen Rahmenbedingungen für Klima - und Umweltschutz Vorreiter. （演讲2）

在例4-61中，默克尔将自由与社会市场经济制度紧密联系，将维护和巩固德国社会市场经济制度视为责任，并用"守护者"（Hüter）隐喻德国，表明坚持社会市场经济制度的态度。德国以一个现有经济制度"守护者"的高大形象出现在听众面前，表现了德国维护经济稳定的信心和决心。在例4-62中，默克尔强调德国在环境保护和再生能源利用方面所做出的贡献和努力，用"先行者"（Vorreiter）隐喻德国在这个领域取得的成就居于世界领先地位。默克尔试图通过这两个隐喻激发听众对德国现行政治经济制度的认同感，从正面、积极的角度构建德国政府是德国国家统一、经济稳定的"守护者",德国是世界范围内众多领域的"先行者"的角色身份。

(四)战争隐喻

4-63 Aber wenn wir genau hinschauen, dann sehen wir, dass es vielleicht gerade diese Unzulänglichkeiten, diese Herausforderungen sind, die uns jetzt dabei helfen können, ein neues Miteinander zu schaffen, wenn es uns gelingt, aus alten Schützengräben herauszuklettern. (演讲2)

4-64 Wie werden wir mit den unterschiedlichen Vorstellungen derer, die die asymmetrischen Bedrohungen verkörpern, die Ja zum Terrorismus sagen, mit den Mitteln der Demokratie fertig? Diese Schlacht ist noch nicht gewonnen. (演讲3)

在演讲2中,默克尔提到了在世界金融危机的大背景下德国社会所面临的一系列问题及由此带来的信心危机,并用"战壕"(Schützengräben)(例4-63)隐喻当时德国民众对突显的种种社会矛盾怀有极大的不满和敌对情绪。她试图鼓励德国民众将当下的不足视为挑战与发展的契机,号召大家摒弃偏见与敌对情绪,持有开放的心态,团结协作,共同寻求解决之道。在例4-64中,默克尔将反恐任务隐喻为一场战役,表示要采用民主这一手段来对付恐怖主义。这一隐喻一方面迅速将恐怖主义与德国民众利益对立起来,引起听众的警觉和注意,另一方面则是表明了德国坚决反恐的态度和决心,树立德国作为一个对本国社会安全负责任、对国际社会安全有使命感的国家形象。

(五)故乡隐喻

4-65 Und diese Fähigkeit, Fragen zu stellen und Informationen zu erhalten, um etwa den afrikanischen Kontinent und den asiatischen Kontinent ähnlich gut wie die eigene europäische Heimat zu kennen, ist im Grunde die Voraussetzung dafür, um wahrhaft tolerant sein zu können, ohne die eigenen Werte aufzugeben. （演讲3）

4-66 Auβerdem haben wir bei allem, was es gegenseitig noch an Unkenntnis gibt, doch 4,4 Millionen Menschen, die von West nach Ost gegangen sind, und 5,5 Millionen Menschen, die von Ost nach West gegangen sind. Das heiβt, es gibt viele, die wirklich eine neue Heimat gewonnen haben - eben nicht nur Ostler im Westen, sondern auch viele Westler im Osten. （演讲5）

4-67 In der Tat, mit dem Vertrag unterstreicht Deutschland: Jüdisches Leben in Deutschland soll gestärkt werden, es ist erwünscht, es ist willkommen. Zudem steht der Staatsvertrag für die sichtbare überzeugung der Gemeinden und ihres Zentralrats: Jüdisches Leben gehört zu Deutschland; es hat hier eine Heimat. （演讲6）

在演讲3（例4-65）中，默克尔将欧洲比作"故乡"，强调了德国作为欧洲成员的身份和属性，无形中将德国与亚非国家进行了区别；在演讲5（例4-66）中，默克尔在提到原东、西德人民统一后相互迁徙融合时，用"新的故乡"隐喻结束两德分裂、统一后的德国是前东、西德人民共同拥有的家园和归宿，引导两德民众认识到根本利益的一致性，借此消除两德人民在长久分裂中形成的精神、心理上的隔阂感和距离感。这同时也暗示着统一后的德国正以新的身份和面貌出现在国民和世界面前；在演讲6（例4-67）中，默克尔一再强调，今天的犹太人在德国的生活是可期待的、受欢迎的，并用"故乡"隐喻犹太人在德国的生活将安全、踏实而有归属感。这一隐喻与德国在纳粹时期施行种族屠杀的历史形成鲜明对比。这一隐喻传达出对犹太人的友好态度和亲近感，充分表达了德国政府对于二战罪行的深刻反省和认识，试图将对德国当权政府仍抱有敌对情绪和怀疑态度的犹太人拉入一条战线，意在树立德国作为一个安全、多元开放的、有足够勇气和信心面对历史、把握未来的、负责任的国家形象。

第二节　身份构建之语法分析：语态、情态

一、语态

现实世界中的同一事件可以通过及物系统中的不同类型的过程来再现和构造，或者使用同一过程但改变参与者的位置，以主动语态或被动语态的形式来再现。主动语态和被动语态表达的意义并非完全一致，对其选择包含着多种动机：是凸显还是弱化动作的实施者？是明确还是转移，甚至是隐藏事件的责任归因？这些因素决定着使用主动语态还是被动语态。

在默克尔关于德国统一的演讲中，多处使用了被动语态（共出现85处），将行为对象作为句子的主语加以前置，使其处于句中突出的位置上，以达到强调行为客体的作用。在她的演讲辞中，大多数被动语态是没有指明施动者（共76处），因而更凸显了行为客体的重要性。例如：

4-68 Was sagen wir z. B. in diesen Tagen den Mitarbeitern von BenQ, die so mir nichts dir nichts auf die Straße gesetzt werden sollen?

Ich glaube, hier steht ein Traditionsunternehmen wie Siemens – pars pro toto – in einer besonderen Verantwortung für seine früheren Mitarbeiter. Diese Verantwortung muss wahrgenommen werden. （演讲1）

4-69 Nur wenn wir diesem Gedanken des Lastenausgleichs treu bleiben, werden wir es schaffen, dass die Klüfte zwischen Ost und West überwunden werden. （演讲1）

在以上两个例子中出现的被动语态，行为客体处于句子的突出位置上。例4-68中，默克尔号召德国企业要具备社会责任感，对自己的员工负责，而不仅仅局限于眼前利益。"责任感"是她重点强调的关键词，被动语态的使用将这个关键词放在了引人注目的位置上，容易引起听众的注意。在例4-69中，默克尔表达了对负担平衡政策的支持，认为只有通过这个途径才能解决德国东西部发展不平衡的问题。被动语态的使用强调了德国东西部差距是可跨越的、可解决的。

4-70 Jüdisches Leben in Deutschland soll gestärkt werden, es ist erwünscht, es ist willkommen. （演讲6）

由于历史的原因，犹太人话题在德国一直是受关注的焦点之一。在这个被动句中，犹太人在德国的生活放在全句突出位置，表达了德国政府对正视并解决历史问题的信心，强调了犹太人在德国的生活将受到欢迎，他们的安全会得到保障。

默克尔的演讲辞中，少部分被动句指明了施动者，例如：

4-71 Unterstützt wurden wir dabei von Partnern im Westen, in Europa, in den Vereinigten Staaten von Amerika. Und unterstützt wurden wir auch von unseren Nachbarn im Osten. （演讲2）

默克尔在演讲2（例4-71）中用了这样两个被动句来说明

德国统一是符合时代潮流、受到普遍认可的事情。在这两个被动句中，第二分词均被置于句首，其目的在于强调德国是一个有着良好的国际关系的国家，处于一个友善有利的国际氛围中。两个被动句中均以介词词组的形式表明了施动者，意在说明德国统一受到来自全世界多方面的支持，这些支持来自不同国家、不同文化。

4-72 Ich glaube, da ist unsere Generation – ich nehme jetzt einmal meine; viele sind ja hier auch jünger – nicht so besonders gut vorbereitet, weil wir in unserem Denken noch sehr stark von der Bipolarität geprägt sind. （演讲3）

在例4-72中，施动者"两极主义"被指明，意在引起听众注意。

4-73 Das ändert nichts daran, dass unser Land von seiner christlich-jüdischen Geschichte und Kultur geprägt ist und dies auch bleiben wird. （演讲6）

这个被动句指明施动者，表明德国政府承认犹太民族在德国历史文化中占有一席之地，和对不同宗教文化的宽容态度，意在表达德国历史文化的多元性根基古已有之，德意志民族对犹太史文化的接受绝非空穴来风，而是有据可依、有史可循的，体现了德国政府对犹太历史问题的积极正面的态度。

二、情态

（一）情态

对于情态的研究古已有之，最早可以追溯到亚里士多德对情态逻辑的论述，可能性和必然性是传统情态逻辑中涉及的两个中心概念。随着语言学的发展,情态被认为是一个语义范畴,与说话人对命题真实性的判断有关。这样"情态从逻辑和语义范畴起源,逐渐发展成为系统功能语法的人际意义框架中的一个中心概念,并作为人际元功能的主要语义载体,获得了超越逻辑和传统语法的重要地位。"①

以韩礼德(1994)为代表的系统功能语法认为语言是一个意义潜势系统,它是由一系列与意义相关的可供人们选择的若干子系统组成。语言所表达的意义即是语言在具体语境中的"功能"。② 根据选择项表达意义(或功能)的不同,韩礼德划分了语言的概念、人际和语篇的三大纯理功能。其中,语言的人际功能是指语言除了传递信息之外,还具有表达说话者的身份、地位、态度、动机以及对事物的评判和推断等功能,可以反映人与人之间的关系,反映说话人与听话人之间的社会地位和亲疏关系。在社会交往中,人们表达特定的意义或实现某种特定的功能时,就需要在语言的各个层面进行相应的选择,通过语言选择实现其具体的交际目的。系统功能语言学认为语言选择的对象就是语法规则中的词汇、结构等的选择项。特定的选择项是与特定的语境要求相匹配的。

系统功能语言学认为,情态是实现语言人际元功能的重要语法手段之一。在人际交往中,人们除了表示肯定和否定外,还可以表达介乎肯定和否定两者之间某种程度的可能性,系统功能语

---

① 李诗芳:《中文民事判决书的情态意义分析》,载《现代外语》,2005 年第 3 期。
② 田海龙、张迈曾:《语言选择研究的后现代特征》,载《外语学刊》,2007 年第 6 期。

言学称之为情态。广义的情态包含两种，一种是表达说话人对命题可能性的判断，即概率和频率，另一种是"通过提议进行交换'货物'或提供服务"的意态，即义务和意愿。其中，每一阶中情态词的量值可以分为低、中、高三个等级，第一项为低值，第二项为中值，第三项为高值。此外，韩礼德还区分了情态的两种取向，即主观取向和客观取向，它是指情态可以被编码在一个显性的主观从句或客观从句中。不同类型、不同量值的情态表达在话语建设身份的过程中具有不同的意义，因为不同类型、不同量值的情态选择表达了说话者对命题或提议的不同介入程度，从而表明了说话者不同的立场、观点和态度。

系统功能语言学认为，说话者对情态的选择是根据具体的社会文化语境做出的被动、甚至是无意识的选择。这种观点忽略了交际主体的主动性（主动、有意识），脱离了语言使用者。因此，在研究语言选择与社会身份时，系统功能语言学也只能停留在语言选择的反应功能上。

情态系统表达人际功能，是"讲话者对自己讲的命题的成功性和有效性所做的判断，或在命令中要求对方承担的义务，或在提议中要表达的个人意愿。"① Fairclough 认为，情态是话语中现实意指和社会关系显现的交接点，或用系统语言学的术语来说，是概念功能和人际功能的交接点。② 中国学者辛斌认为，考察语篇的情态系统可以实现两个目的：（1）摸清说话者对话题真实性的承担度及所承担的义务；（2）了解到说话者对受话者和情景成

---

① 胡壮麟等：《系统功能语言学概论》，北京大学出版社2005年版，第145页。
② 陈中竺：《批评语言学评述》，载《外语教学与研究》，1995年第1期。

分的态度,反映说话者和受话者之间的社会距离和权力关系。[①]

情态系统可以通过多种语言形式来表达,而不仅仅限于传统语法上的情态动词。时态、副词或其对应的形容词、人称代词、直接引语和间接引语等都可以表达情态意义。情态还可以分为主观情态和客观情态。情态的主客观取向可以通过小句的形式表现出来。主观情态是主观明确地表达对某个命题的认可度,可以突出说话者自己的主观态度;在客观情态中,对命题看法的视角不明,有可能是说话者将自己的看法泛化成普遍看法,或是说话者只是转达其他人或群体的看法,从而淡化说话者自己的观点。Thompson 认为,情态的主客观向度与情态责任紧密相关。情态的主观性越强,说话者对所表达命题的承担责任程度就越高。Martin 则用"自言"和"他言"来区分说话者的主观性和客观性;前者指代说话者直接"介入"事态,有意愿承担责任,具有主观性特点;后者指"间接介入",弱化了承担责任的主观意愿,具有客观性特点。

本书将借鉴系统功能语法中有关人际意义的重要论述,把语言选择看作是说话者有意识的、主动的选择,从情态的角度考察默克尔构建国家身份的过程,具体考察的方面是默克尔演讲辞中的作为情态特征出现的情态动词。

(二)语料分析:情态动词

在默克尔的这七篇演讲稿中,情态动词 können 及其变体出现了 126 次,是默克尔在关于德国统一的演讲辞中使用最频繁的情

[①] 辛斌:《批评语言学:理论与应用》,上海外语教育出版社 2005 年版,第 45 页。

态动词。作为情态动词，können 主要用来表示人、生物、机构或事物本身具有某种素质或在一定条件下有能力、有可能做某件事情或可能发生某种情况。[1] 默克尔利用 können 这个情态动词传达出德国政府对于德国未来更加美好的坚定信心。例如：

4-74 Die Politik kann, wenn sie einen langen Atem hat, sehr wohl helfen, die Dinge zum Besseren zu wenden. Unsere Gesellschaft kann, wenn sie eine Verantwortungspartnerschaft zwischen Arbeitgebern und Arbeitnehmern, Bund und Ländern, Jungen und Alten, Gesunden und Kranken ist, sehr wohl auch in Zukunft lebenswert und solidarisch gestaltet sein. Die föderale Ordnung kann, wenn sie dazu beiträgt, dass der eigene Vorteil nicht zugleich der Nachteil des anderen ist, sehr wohl auch in Zukunft stark sein. （演讲1）

4-75 Aus dieser Begeisterung für die Stärken und Möglichkeiten unseres Landes ist Hoffnung erwachsen. Hoffnung, den Verbrauch, also das Leben von der Substanz beenden zu können. Umweltverschmutzung, Städteverfall, Staatsverschuldung – mit all diesem Zukunftsverbrauch sollte Schluss sein. Hoffnung, in Bildung und Wissenschaft wieder an die internationale Spitze anschließen zu können, unsere Potentiale an Ideen, Innovationen und Hochtechnologien nutzen zu können. （演讲1）

在例4-74中，默克尔提出要努力维护和建设德国的社会市场经济体制，认为今后德国经济重回欧洲领先位置离不开坚持德国社会市场经济模式，并认为全球化趋势已势不可挡，任何国家

---

[1] 杨文革：《德汉情态动词比较教学》，载《德语学习》，2011年第6期。

都不可能单纯依靠自身的力量求得发展，所有国家都在一个共同体共生共荣，唯有适应才能生存。在上述例子中，三个 Wenn 引导的条件从句分别与三个带 Kann 的主句连用，是演讲者试图坚定听众们对演讲者所宣扬观点的信心，引起了听众的注意，激发了听众的热情。而在例 4-75 中，默克尔更将德国人的民族自豪感和对美好未来的渴望上升为一种升腾的希望，连续三个 Können 的使用，为听众描绘了一幅幅激动人心的蓝图，展现了德国政府坚定维护当前经济政策、积极融入全球化经济、振兴德国经济、努力构造更强大的德国的信心和力量。

4-76 Ich glaube, dass wir es schaffen können, dass wir zu einer dauerhaft nachhaltigen Wirtschaftsweise gelangen, dass wir unsere Innovationsfähigkeit im Wettbewerb mit den anderen Ländern der Welt erhalten, dass wir uns dem demografischen Wandel stellen und die Bildungsrepublik in vollem Umfang Wirklichkeit werden lassen, dass wir intensiv an der Gestaltung der europäischen Einigung arbeiten, dass wir als 500 Millionen Europäer unsere Stimme und unsere Werte in der Welt hörbar machen, sie gestalten und neue Formen der globalen Zusammenarbeit finden. （演讲2）

4-77 Ich glaube, wir können heute sagen: Ob West oder Ost, wir haben es gemeinsam geschafft, Vertrauen zu gewinnen – Vertrauen darauf, dass die Chancen der Freiheit eines geeinten Deutschlands genutzt und nicht auf Kosten anderer ausgenutzt werden. （演讲6）

4-78 Ohne Zweifel, es gibt nationalistische und fremdenfeindliche Auswüchse in unserem Land. Wer wollte das bestreiten? Gegen sie müssen wir mit aller Konsequenz vorgehen. Wir können dies erfolgreich, weil wir verstehen, dass wir eine gute Zukunft erst im Bewusstsein unserer immerwährenden Verantwortung für die Vergangenheit gestalten können. （演讲6）

4-79 Ich glaube, wir können das schaffen. （演讲7）

在上述例子中，können 主要表达了一种完成和实现的能力。演讲者意在强调德国具备完成自己的目标和任务的实力，向听众传达出一种必胜的信念。

在这些演讲中，另一个出现频次较多的情态动词是 Müssen。Müssen 及其变体在这七篇演讲中，总共出现了 63 次。作为情态动词，Müssen 可以表达说话者在外力强加的作用下毫无选择地必须做某事，也可以表达说话者有把握的推测。例如：

4-80 Ich glaube, hier steht ein Traditionsunternehmen wie Siemens - pars pro toto - in einer besonderen Verantwortung für seine früheren Mitarbeiter. Diese Verantwortung muss wahrgenommen werden. （演讲1）

4-81 Aus Ideen müssen in Deutschland in Zukunft schneller Produkte werden. Erfindung in Deutschland, Geschäft in Deutschland, Arbeitsplätze in Deutschland - das muss die Gleichung der Zukunft sein. （演讲1）

4-82 Das alles ist Soziale Marktwirtschaft. Das alles müssen wir bewahren und wir müssen es mehren. （演讲2）

4-83 Das heißt also, wir müssen alte Streitigkeiten hinter uns lassen. Wir müssen uns darauf konzentrieren, die Kräfte von uns allen, von Bürgern und Parteien, Arbeitgebern und Gewerkschaften, von Kirchen, Verbänden und Bürgerinitiativen zusammenzuführen und auf die Fragen der Zukunft auszurichten. Das Band, das uns vereint, muss dabei sein, dass wir uns nicht mit Unzulänglichkeiten abfinden, sondern nach Wegen suchen, Lösungen zu finden. （演讲2）

4 – 84 Das heiβt, das simple Prinzip der Abschreckung wie im Kalten Krieg funktioniert nicht. Deshalb müssen wir völlig neue Wege gehen. Auf denen bewegen wir uns tastend voran. （演讲3）

4 – 85 Das heiβt, wenn Sie heute Probleme lösen und Mauern einreiβen wollen, dann müssen Sie sich automatisch mit anderen Teilen der Welt intensiv beschäftigen. （演讲3）

4 – 86 So einfach ist das heute nicht mehr, weil diese Länder natürlich infolge des Zusammenbruchs des Kalten Krieges ihre eigenen Wege gehen, weil wir über jedes Land etwas wissen müssen, weil plötzlich alte Konflikte wieder viel mehr Bedeutung haben, etwa Stammeskonflikte und Folgen von Kolonialkonflikten. Das heiβt, wir müssen tief in unserer Geschichte ansetzen, um bei Friedensprozessen, zum Beispiel in Afrika, überhaupt einen Beitrag leisten zu können. Es ist nicht ganz so einfach zu sagen, was nun Toleranz im Einzelfall bedeutet, wenn es etwa zwischen Eritrea und Somalia hoch hergeht. Aber wir müssen mehr über die Welt wissen. Dabei hilft uns das Internet. Aber es löst die Aufgabe nicht. Deshalb bin ich manchmal fast ein bisschen neidisch auf die jüngeren Leute, die ganz selbstverständlich in diese Zeiten hineinwachsen und damit, glaube ich, auch ein besseres Grundgefühl für unsere Welt bekommen, in der wir Konflikte lösen müssen. Wir müssen natürlich auch die Mauern einreiβen zwischen unserem Lebensanspruch und dem, was wir gedenken, für die zukünftigen

Generationen übrig zu lassen. （演讲3）

4 – 87 Es geht um Bildungschancen. Wir müssen unser Bildungssystem durchlässiger machen. Wir müssen forschungsfreundliche Strukturen haben. Wir brauchen neue Formen der Kooperation; das wird gerade in der Hauptstadt verhandelt und vielleicht auch erprobt. Wir brauchen eine systematische Förderung des wissenschaftlichen Nachwuchses. Dass es auch hier um Nachwuchsförderung geht, finde ich sehr ermutigend. Denn mit gefallenen Grenzen und Mauern ist die Welt auch für junge Leute offen. Man muss seine wissenschaftliche Tätigkeit nicht in Deutschland vollbringen, man kann das überall. Deshalb brauchen wir gar nicht so viel Angst zu haben, dass uns die Talente dieser Erde überrennen und alle nach Deutschland wollen, sondern wir müssen stattdessen sehr dafür werben, dass manche Talente der Welt zu uns kommen und nicht alle Talente Deutschlands in die Welt hinausrennen und nicht wieder zurückkommen. （演讲7）

4 – 88 Wir müssen den Weg in eine Stabilitätsunion einleiten. Und dazu müssen wir vieles ändern. （演讲7）

4 – 89 Wenn ich hier auf einer Konferenz spreche, die sich mit „ falling walls " beschäftigt, dann ist auch zu sagen, dass auch hierbei eine Mauer fallen muss. （演讲7）

4 – 90 Deshalb müssen wir, weil sich die Welt so stark ändert, in der Lage sein und uns mental dazu entschließen, auf die Herausforderungen eine Antwort zu geben; und diese wird „ mehr Europa " und nicht „ weniger Europa " lauten. （演讲7）

4 – 91 Das heißt, wir müssen – ohnehin viel stärker global –

auch in Europa in den Maßstäben der Innenpolitik denken und handeln.（演讲7）

面对多元文化共存的世界和全球经济一体化，德国政府迫切感受到了德国所面临的挑战和任务，明确指出德国人民必须坚强应对和适应这些情况。在默克尔的演讲中，情态动词 müssen 及其变体的使用大大强化了这些挑战和任务的不可避免性，提醒德国民众要以一个正面、积极的态度、一种"走出去"的姿态去应对这些变化和挑战。例如，在例4-80中提到德国企业的社会责任时，默克尔用到了情态动词 muss，意在强调德国企业对自己的员工和社会承担着不可推卸的社会责任，企业必须意识到这一点而无可逃避；在例4-81中提到德国如何面对未来全球化经济带来的机遇和挑战时，默克尔提出要缩短从实验室到生产车间的时间，要让德国先进的科技迅速地成长为经济效益是"必行之道、必出之招"，情态动词 müssen 及其变体在这里的使用流露出演讲者要将此举措付诸实践的迫切心情。在例4-82中，演讲者更是用 müssen 告诉听众，德国除了坚持社会经济体制，别无他途。在例4-83至4-91中，默克尔提到德国要摒弃"冷战"思维，要打破头脑中、思想中的"柏林墙"，要与不同文化和社会制度的国家进行多方面合作，并走出一条属于德国自己的新路来，情态动词 müssen 或其变体多次出现，演讲者的语气强烈而态度坚定，意在表达无可选择性及必然性，极具鼓动性和感染力。这充分表达了德国要摆脱战争阴影和负面的国际形象，要成为一个更为开放、平等的新德国、实现德国复兴的必胜信心和信念。

另一个出现频次较高的情态动词是 wollen。作为情态动词，wollen 可以表达主语强烈的主观意愿，"表示有兴趣做某件事情。

这种兴趣可以表现为意志、愿望、意向、企图、决心、计划、意愿等"①。例如：

4-92 Das wollen wir nicht nur bei uns haben, sondern das wollen wir auch dort schaffen, wo im Grunde heute noch Mauern die Möglichkeit verhindern, dass die Welt friedlich zusammenlebt. （演讲3）

4-93 Aber wenn wir hier in Deutschland unsere Art zu leben weiterverbreiten wollen, weil wir diese Art auch für andere Teile der Welt als faszinierend empfinden, dann können wir Deutsche mit 80 Millionen Einwohnern nicht mehr allzu viel ausrichten. （演讲3）

4-94 Die Welt hat über 6,5 Milliarden Einwohner. Die Zahl wird steigen. Während zu Beginn des 20. Jahrhunderts noch rund jeder vierte Mensch auf der Welt in Europa lebte, wird am Ende unseres Jahrhunderts nur noch etwa jeder 13. Mensch ein Europäer sein. Von Deutschen will ich dabei gar nicht sprechen. Das heiβt, wenn wir Europäer uns durchsetzen wollen, wenn wir interessante Ideen einbringen wollen, dann tun wir gut daran, zu kooperieren und so wenigstens mit 500 Millionen Menschen unsere Vorstellungen einzubringen. Das gilt im übrigen für gröβere wissenschaftliche Anstrengungen genauso wie für politische Projekte. Vieles kann man im Alleingang überhaupt nicht mehr schaffen. （演讲3）

4-95 Wenn wir nicht nur an heute, sondern an morgen denken wollen, dann heiβt das：Wir müssen den Weg in eine Stabilitätsunion

---

① 杨文革：《德汉情态动词比较教学》，载《德语学习》，2011年6月。

einleiten.）（演讲 7）

4 - 96 Wenn ich sage „ Europa ist in einer Krise ", dann füge ich hinzu: Jetzt ist der Augenblick, zu handeln. Es ist Zeit für einen Durchbruch zu einem neuen Europa……Es war einer der großen Irrtümer, die sich im 19. und 20. Jahrhundert aufgebaut haben, zu denken, dass wir der Nabel der Welt seien und dass ohne uns nicht viel gehe auf der Welt. Das ist nicht mehr der Fall. Weil wir aber wollen, dass wir auf der Welt gebraucht werden, weil wir selbst in Wohlstand leben wollen, weil wir weiterhin in Freiheit leben wollen und weil wir an morgen denken wollen, brauchen wir einen Durchbruch zu einem Europa der Verantwortung.（演讲 7）

在默克尔的演讲中，wollen 及其变体多与第一人称连用，其中与复数第一人称"我们"（wir）的连用为 15 次。演讲者在演讲过程中，将大量的复数第一人称与表达主观强烈意愿的 wollen 放在一起，将演讲者个人的强烈主观意愿偷换成演讲者与听众的强烈的主观意愿，增加了听众的认同感，无形中将听众拉入自己的阵营，营造了一种万众一心、为共同的目标奋斗的氛围。

综上，通过对演讲辞的语态和情态动词的考察，我们发现被动句中行为对象作为句子的主语加以前置，处于句中突出的位置上，起到了凸显行为客体重要性的作用；情态动词能很好地传达演讲者的情感和倾向、调动听众的情绪，其使用对于国家身份的构建起到了推动和强化的作用。

第三节　身份构建之语篇分析：主位结构

作为词汇、语法层面实现人际意义的重要手段，情态仅仅是说话者通过语言选择构建身份的一方面，除此之外，语篇、语用等各个层面的语言选择也对身份构建具有重要意义。因此，本节对德国国家身份构建的研究将扩展到语篇层面，重点探讨在默克尔演讲中德国国家身份是如何在语篇层面构建的。

语篇功能是指在语义层中，把语言成分组织成语篇的功能，"是人们在使用语言时如何组织信息，即一条信息与其它信息的关系，同时还显示信息传递与发语者所处交际环境之间的关系。"① 语篇功能可以显示语篇中的信息是被前景化还是被背景化；哪些信息是给出的新信息，或挑选出来作为"主题"或"主位"；语篇的某一部分是如何与上下文，以及与语篇外的社会情景建立联系的。

语篇功能的体现方式有三种：主位结构、信息结构和衔接。本节将着重研究默克尔与德国统一相关的政治演讲辞中的主位结构是如何构建德国国家身份的。

一、主位类型

"主位是一则消息中起出发点作用的成分，是相关小句关涉的对象。消息中余下的部分，也就是发展主位的部分，沿用布拉

---

① 韩礼德：《功能语言学导论》，外语教学与研究出版社2011年版，第53页。

格学派的术语，叫作述位。因此，小句作为一个消息结构，是由主位和与之伴随的述位构成的；有关结构通过语序来表示——不管选择什么成分作主位，都放在句首。……主位可以识别为小句第一个位置上的成分。"[1] 韩礼德认为，分析语篇的主位结构有助于获得对语篇的组织结构的理解，"进而明白作者是如何清楚地表达他所潜在关注的事情的本质的"[2]。主位的选择显示了说话者思考问题的出发点和对想要表达的内容的主次顺序，表达了说话者的意识形态和认识论上的立场。

根据主位本身结构的复杂程度，系统功能语言学将主位分成"单项主位""复项主位""句项主位"三类。单项主位指仅包括概念成分的主位。单项主位是一个独立的整体，不能再分成更小的功能单位。复项主位是由多种语义成分构成的主位，即它在含有一个概念成分的同时，还可能含有人际成分和语篇成分。单项主位与复项主位的区别在于前者没有内部结构，不可以进一步分析，而后者则有内部结构，可划分为语篇主位、人际主位和话题主位。句项主位是指主位由一个小句表示，传统语法所说的主从复合句中的主句和从句都可以成为句项主位。

二、语料分析

在默克尔关于德国统一的七篇演讲辞中，三种主位形式均有出现，其中单项主位是最常出现的主位形式。以下将就单项主位的特点及其对国家形象的建立的意义进行阐述。

---

[1] 韩礼德：《功能语言学导论》，外语教学与研究出版社2011年版，第40-41页。
[2] 同上，第74页。

在默克尔的七篇演讲中,单项主位、句项主位和复项主位的分布情况如下表:

表二 三种主位在七篇演讲辞中的数量及比例

序号 数量	演讲1	演讲2	演讲3	演讲4	演讲5	演讲6	演讲7	总数	比例
单项主位	135	89	123	39	108	130	104	728	87.6%
句项主位	8	3	11	1	14	6	11	54	6.6%
复项主位	7	0	22	2	4	9	4	48	5.8%

根据上表显示的数据,在默克尔这七篇演讲辞中,单项主位共728个,占主位总数量的87.6%,句项主位共54个,占主位总数量的6.6%,复项主位为48个,占主位总数量的5.8%。单项主位是使用最频繁的主位形式。例如:

4-97 Die erste spielt im Herbst 1989.

4-98 Sie ist für mich wie die überschrift über all meine Gefühle, Wünsche und Sehnsüchte aus dieser Zeit.

4-99 So haben sich Tausende und Abertausende verhalten.

4-100 Unterstützt wurden wir dabei von Partnern im Westen, in Europa, in den Vereinigten Staaten von Amerika.

4-101 Mit dem Ende des Kalten Kriegs Ende der 80er Jahre und dem Siegeszug der Freiheit hat die Demokratie in einem unglaublichen Maße gesiegt.

4-102 Viele hat das, was geschehen ist, bewegt – im Inland, aber auch im Ausland.

4-103 Das konnte und kann auch in keiner Weise gerechtfertigt werden.

与句项主位和复项主位相比，单项主位只包含概念成分，构成简单明了，这使得其所在的句子更加易于听众理解和接受。在728个单项主位中，代词、名词及名词词组、副词及副词词组、介词及介词词组是主要的构成成分。如下表：

表三　单项主位的构成成分数量及比例

成分类型	数量	比例
代词	327	44.9%
名词及名词词组	169	23.2%
副词及副词词组	127	17.4%
介词及介词词组	58	8%
其他	55	6.5%

如上表所示，代词是构成单项主位的主要成分，占单项主位总数量的44.9%。名词及名词词组、副词及副词词组分列二、三位。表述简单是代词在演讲语篇中被演讲者频繁使用的原因。例如：

4–104 Ich habe mich begeistert für die föderale Ordnung unseres Landes.

4–105 Wir haben am 23. Mai 60 Jahre Grundgesetz und 60 Jahre Bundesrepublik Deutschland gefeiert.

4–106 Sie ist das Ergebnis von Mut, Entschlossenheit und Zivilcourage.

4–107 Er war es, der den asiatischen Aufbruch in die Moderne ausgelöst hat.

4 – 108 Es ist eine gute Nachricht, dass man alle Systeme und gesellschaftlichen Konstrukte, die erfolgreich sein sollen, nicht ohne Freiheit schaffen kann.

4 – 109 Sie sind im Kalten Krieg für die Werte der freiheitlichen Welt eingestanden.

4 – 110 Das heißt, wir müssen – ohnehin viel stärker global – auch in Europa in den Maßstäben der Innenpolitik denken und handeln.

4 – 111 Vieles kann man im Alleingang überhaupt nicht mehr schaffen.

例4-93和例4-94中的主位分别是第一人称的单复数形式；例4-95至例4-98中的主位则是第三人称单复数形式；例4-99中的主位"das"是指示代词；例4-100中的主位"vieles"是不定代词。不同种类的代词在默克尔的七篇演讲中的使用分布情况如下表：

表四　不同种类的代词在默克尔的七篇演讲中的使用分布情况

代词	数量	比例
ich	69	21.1%
wir	57	17.4%
es	59	18%
sie	25	7.6%
er	5	1.5%
das	62	19%
其他	50	15.3%

如上表所示，第一人称代词"ich"是单项主位中使用最多的代词，其比重为21.1%。指示代词"das"和人称代词"es"分列第二、第三位。根据韩礼德的观点，在日常会话中，人称代词作为主位，其出现的频率应为第一人称单数、第二人称单数、第一人称复数、第三人称单数、第三人称复数。Eggins对此持相同观点，因为"在日常口语中，信息的起点主要是我们自己或与我们自己相关联的事物。"[1]而作为听者，第二人称du、sie等是说话者信息传递的对象，故常列其后。

在默克尔关于德国统一的演讲中，第一人称单数"ich"作为单项主位的大量使用一方面可以迅速地引起听众们的注意，以便更快地进入话题；另一方面则起到强调演讲者的身份的作用。作为德国总理，演讲者默克尔以其特殊的身份——前民主德国政府官员出身的首位联邦德国女总理——备受瞩目。显然，默克尔本人也充分认识到了这点。

4-112 Dass jemand wie ich, eine Frau aus der ehemaligen DDR, dem wiedervereinten Deutschland als Bundeskanzlerin der Bundesrepublik Deutschland dienen darf, ist für mich nach gut zehn Monaten Amtszeit einerseits schon so etwas wie Alltag. （演讲1）

一方面，作为一个有着前民主德国背景的现任国家领袖，默克尔的政治生命顺利地抵达高峰。她仕途的成功暗合了无数前民主德国人对统一后德国的期盼，她成为了前民主德国人的杰出代表；另一方面，作为一个坚决支持两德统一、迅速选边站队的政客，默克尔在前西德人眼中无疑又代表了那群最开化、具前瞻

---

[1] Suzanne Eggins: *An Introduction to Systemic Functional Linguistics*, London: Printer 1994: 302.

性、善于审时度势而又颇具政治头脑的人物。她既具有在前民主德国成长和工作的背景，亲历了两德统一的重大历史时刻，又具有在联邦德国丰富的政治经验，如此特殊的个人经历使默克尔成为德国统一的一个象征性人物和对两德统一最具发言权的代表人物之一，她的个人观点和看法对于德国民众无疑具有极大说服力。在演讲中，默克尔正是通过频繁使用第一人称代词"ich"达到不断强化两德统一印象的目的。

相比之下，第二人称单、复数在默克尔的演讲辞中出现频率很低，取而代之的是第一人称复数"wir"的高频率（17.4%）出现。原因在于第二人称在演讲中的使用，往往会无形之中将说者与听者分成不同的阵营，甚至给听者以被指使和受人命令之感，从而加深听众和演讲者之间产生距离感，不利于达到演讲者劝说的目的。而第一人称复数"wir"指的是演讲现场的演讲者和听话者双方，它能巧妙地模糊演讲者与听众之间的界限，拉近演讲者与听众之间的距离。"wir"亦表达了默克尔希望获得德国民众支持与理解的愿望。

另一值得注意的现象是，在这七篇演讲中，句项主位共有54个，其中以"wenn"引导的条件从句共28个，占句项主位的51.9%。例如：

4–113 Wenn ein Dialog der Religionen gelingen soll – und dieser Dialog ist für uns alle von existenzieller Bedeutung – , dann muss klar gerückt sein, dass das nur mit der Anerkennung der Würde jedes einzelnen Menschen geschehen kann.

4–114 Wenn wir hier und heute über die Zukunft sprechen, dann tun wir das auch und gerade im Gedenken an die Opfer dieses Wahns

– eines Wahns, der in unserem Land, in Deutschland begann.

4 – 115 Wenn wir uns einmal vor Augen führen, was unsere Chancen und unsere Vorzüge sind, dann sehen wir, dass das Wissen, der Erfindungsreichtum, die Kreativität unsere großen Ressourcen sind.

4 – 116 Wenn wir darin erlahmen, werden wir auch in unserem Wohlstand und in unserem Erfolg erlahmen.

4 – 117 Wenn wir nicht nur an heute, sondern an morgen denken wollen, dann heißt das: Wir müssen den Weg in eine Stabilitätsunion einleiten.

演讲者将"wenn"引导的条件状语从句放在小句信息起点的位置，一方面是作为提出主句实现的条件和前提，向听众提出假设性要求，另一方面则是为听众勾画可能的图景，引导听众朝着演讲者指引的方向去思考和假设，一步步将听众带入演讲者设置的布局之中。

第四节 小结

本章在文本分析的维度上对默克尔与德国统一相关的演讲辞的语言策略分别进行了词汇、语法和语篇层面的分析，以探讨演讲辞中的语言策略对德国国家身份构建所起的重要作用。

默克尔与德国统一相关的政治演讲辞的语言表达策略主要体现在词汇的选择和隐喻的使用上。关键词的选择构建了德国是统一的德国、欧洲的德国、世界的德国的国家身份，凸显了德国国家不同层面的政治形象，表达了统一的德国试图建构一个在欧洲、在世界都举足轻重的国家身份；第一人称复数形式在演讲辞中被大量使用，起到了强调德国的统一性的客观效果，暗示德国政府与本国民众共同面对全球化经济发展的机遇与挑战，国家经济发展的任务和努力方向即是每个德国公民的奋斗目标，表明统一后的德国正在以新的身份和面貌出现在全世界面前。在演讲辞中，隐喻的解读与德国的历史密切相关，反映出德国对历史与现实的认识与思考。通过这些隐喻，默克尔试图说明统一的德国是对历史有担当、对未来满怀希望与信心、是在世界范围内的众多领域保持领先优势的国家，构建了一个敢于面对问题和困难、积极寻找解决办法的、有行动力、负责任的国家形象。

在语法层面，通过对演讲辞的语态和情态动词的考察，我们发现被动句中行为对象作为句子的主语加以前置，处于句中突出的位置上，起到了凸显行为客体重要性的作用；作为最频繁出现的情态动词，können 及其变体传达出统一后的德国坚定维护当前经济政策、积极融入全球化经济、努力振兴德国经济、构造更强大的德国的坚定信心和决心。情态动词 müssen 及其变体则表达了德国以一种正面、积极、坚决和不容质疑的态度、一种"走出去"的姿态去应对德国统一后世界格局的变化、以及国际社会多元文化共存和全球经济一体化等种种挑战。情态动词 wollen 及其变体则表现出德国对美好未来的强烈渴望。情态动词能很好地传达演讲者的情感和倾向、调动听众的情绪，其使用对于国家身份的构建起到了推动和强化的作用。

在语篇层面，通过对演讲辞中主位结构的考察，我们发现单项主位是七篇演讲辞中最常用的主位形式；而代词是构成单项主位的主要成分；代词中第一人称单数是使用频率最高的代词。由于默克尔具有前民主德国政府从政背景的特殊身份，她无疑是两德统一的象征性人物与成功典范，具有很强的说服力。第一人称代词单数的使用能有效地将听众的注意力拉到演讲者本人的身上，强化两德统一印象，并给听众以暗示：两德统一是历史性的、成功的，它正在并将继续对德国的现在与未来发挥积极的作用。

第五章

德国国家身份构建：话语实践

本章对德国国家身份构建的探讨将从第四章文本分析的维度进入到话语实践的维度，选取互文性作为本章研究分析的范畴。Fairclough认为，互文性分析是联结语篇与社会语境的纽带，是一种考察语言与意识形态的互动的有效分析模式。"语篇的三维分析模型是批评性语篇分析的宏观分析模型，互文性分析则是联结微观层面的文本分析与宏观层面的社会分析的中间纽带。"①

第一节 互文性概述

一、互文性的概念

互文性，又称为"文本间性"。作为重要的文本理论之一，"互文性"这一概念是在20世纪60年代的西方结构主义和后结构主义思潮中应运而生的。俄国学者巴赫金（Бахтинг，Михаил

---

① 王伟强：《批评性语篇分析视域中的身份建构研究》，载《赤峰学院学报》（汉文哲学社会科学版），2010年第11期。

МихаЙлович）最早阐述"互文性"的思想："我们的交谈充斥着别人的词语……这些词语裹挟着它们自己的表达和评价基调，我们则消化之、重写之和重新强调之。"① 巴赫金认为，文本和语词的形成要受它们所回应的前文本和所期望的后文本共同决定。此后，法国符号学家、女权主义批评家朱丽娅·克莉斯蒂娃（Julia Kristeva）在其所著的《符号学》一书中首次提出该术语。受巴赫金的影响，克莉斯蒂娃认为任何文本都不可能完全脱离其他文本，而必然卷入文本之间的一种相互作用之中；文本中的语义元素在构成文本的历史记忆的其他文本之间，建立起了一套联结关系，一个网络。朱丽娅·克莉斯蒂娃指出：

> "任何文本都好像是一幅引语的马赛克镶嵌画，任何文本都是其他文本之吸收与转化，构成文本的每个语言符号都与文本以外的其他符号相关联，任何一个文学文本都不是独立的创造，而是对过去文本的改写、复制、模仿、转换或拼接。"②

她认为，"每一个词/语篇是不同的词/语篇的交汇点，在此交汇点上至少能读出一个其他的词/语篇，任何语篇都是由引语拼凑而成，任何语篇都是对另一个语篇的吸收和改造。"③ 克莉斯蒂娃用互文性表达"语篇生成过程中相互交叉的各种语料的这种复杂和异质的特性。她所强调的是语篇重新组合或转换的内部过程，在此过程中来自其他语篇的语料按其功能结合成一个新的有

---

① ［英］诺曼·费尔克拉夫：《话语与社会变迁》，殷晓蓉译，华夏出版社2003年版，第102页。
② 转引自李敬：《新闻文本的批判性话语研究》，载《中国传媒报告》，2010年第1期。
③ 转引自熊伟：《话语偏见的跨文化分析》，第161页。

意义的语篇"①。

后来,"互文性"这一术语被符号学、精神分析学、解构主义、后殖民主义、新历史主义、文化研究等诸多流派所研究使用,许多著名学者罗兰·巴特、雅克·德里达、米歇尔·福柯、热拉尔·热奈等都曾投入到互文性理论的讨论和理论建构中。作为现当代西方主要文化理论的结晶,互文性理论涉及俄国形式主义、结构主义语言学、精神分析学说、西方马克思主义和解构主义等西方现当代重要的学术思潮,因而其理论体系具有一定的复杂性。

美国学者乔纳森·卡勒（Jonathan Culler）在《符号的追寻》（*The Pursuit of Signs*）中对狭义和广义的互文性做了较为全面的阐释和总结：

> 互文性有双重焦点。一方面,它唤起我们注意先前本文的重要性,它认为文本自主性是一个误导的概念,一部作品之所以有意义,仅仅是因为某些东西先前就已被写到了。然而就互文性强调可理解性、强调意义而言,它导致我们把先前的文本考虑为对一种代码的贡献,这种代码使意指作用（signifliation）有各种不同的效果。这样互文性与其说是指一部作品与特定前文本的关系,不如说是指一部作品在一种文化的话语空间之中的参与,一个文本与各种语言或一种文化的表意实践之间的关系,以及这个文本与为它表达出那种文化的种种可能性的那些文本之间的关系。因此,这样的文本研究

---

① 辛斌：《批评语言学：理论与应用》,上海外语教育出版社2005年版。第126页。

并非如同传统看法所认为的那样，是对来源和影响的研究；它的网撒得更大，它包括了无名话语的实践、无法追溯来源的代码，这些代码使得原来文本的表意实践成为可能。①

二、互文性的分类

对于互文性的分类，目前没有统一的标准。例如，克莉斯蒂娃将互文性分为水平互文性和垂直互文性。水平互文性指一段话语与一连串其他话语之间的具有对话性的互文关系；垂直互文性是指构成某一语篇的直接或间接的语境，即从历史或当代的角度看以各种方式与该语篇相关的语篇。但是，"水平互文性强调发话人如何根据别人的话来组织自己的话语；垂直互文性强调一个语篇充满了其他语篇的片段，人们在试图理解该语篇时必须具备的一定的关于这些语篇的知识。"②

Jenny（1982）认为互文性可分为强势互文性和弱势互文性，强势互文性指一个语篇中包含明显与其他语篇相关的话语；弱势互文性指语篇中存在语义上能引起对其他语篇联想的东西，如类似的观点、主题思想等。③

热奈特在 1982 年出版的《隐迹稿本》中提出五种文本的"跨越关系"：1. 互文性，包括引语、典故、原型、模仿、抄袭等；2. 类文本性，如作品的序、跋、插图、护封文字等；3. 元文

---

① 转引自程锡麟：《互文性理论概述》，载《外国文学》，1996 年第 1 期。
② 辛斌：《语篇研究中的互文性分析》，载《外语与外语教学》，2008 年第 1 期。
③ 同上，第 14 页。

本性，指的是文本与谈论此文本的另一文本之间的关系；4. 超文本性，指联结前文本与在前文本基础上构成的次文本间的任何关系；5. 统文本，指组成文学领域各种类型的等级体系，是支撑整个体裁或语类系统的基本的、不变或缓慢变化的结构和规范。但在这种分类方式中，类文本性、元文本性和超文本性区分不够严谨，有一定的重叠性。

批评语言学家 Fairclough 将互文性分为"显著的互文性"和"建构的互文性"。显著的互文性指"其他文本明显地出现在正被分析的那个文本里；它们被'明确地'标示出来，或者由文本表面上的特性所暗示出来，诸如引文所表示的那样。"① 建构的互文性是指"进入文本生产过程的话语习俗的结构"②，是一个语篇中各种体裁或语篇类型规范的复杂关系。显著的互文性的分析范畴是话语表述、预设、否定、元话语、讥讽；建构的互文性的分析范畴是话语社会秩序、话语的机构秩序、话语类型以及构成话语类型的要素，包括语篇的各种话语规约结构，诸如与不同话语实践相关的体裁、话语和文体。然而，这样的互文区分方式忽略了那种在语篇中未被明确标示出来的属于别人的话的情况，因而缺乏全面性和严谨性。

我国学者辛斌从读者或分析者的角度将互文性区分为"具体的互文性"和"体裁的互文性"。"具体互文性指一个语篇中的有具体来源的（有名有姓的或者匿名的）他人话语，这类互文性能够涵盖 Jenny 的'强势互文性'、菲尔科劳的'显著互文性'和

---

① [英]诺曼·费尔克拉夫：《话语与社会变迁》，殷晓蓉译，华夏出版社2003年版，第95页。
② 同上，第96页。

热奈特的'互文性'，以及不加标明引用他人话语而产生的互文关系。体裁互文性类似于 Fairclough 的'构成互文性'和热奈特的'统文性'，指的是在一个语篇中不同体裁、风格或语域的混合交融。这种互文性涉及的不是个体主题，而是集合主体，如某一社会阶层或群体。"① 辛斌将体裁互文视为不同群体间的、不同声音间的相互作用关系，认为"每种体裁或式都有自己的语义潜势，代表着不同社会群体或阶层的利益，适合于表达不同群体的立场观点或意识形态"。②

本章是在辛斌互文性分类的基础上对语料进行的互文性分析。

第二节 互文性与批评话语分析

互文性研究曾长期局限于文学批评领域，20 世纪 90 年代以后，互文性理论和方法开始广泛运用于各种文化批评理论与言语实践当中。批评语言学主要的研究对象是非文学语篇，目的是通过对语篇形式的分析解释话语、权力和意识形态之间的关系以及话语对社会过程的介入作用，研究语言使用的变化与社会文化变迁之间的辩证关系。而互文性强调文本的历史性和创造性，互文性以历史的眼光来看待文本，认为当下的文本是从过去、现存的

---

① 辛斌：《语篇研究中的互文性分析》，载《外语与外语教学》，2008 年第 1 期。
② 辛斌：《批评语言学：理论与应用》，上海外语教育出版社 2005 年版。第 138 页。

规约和先前的文本转化而来的。"语篇的意义并不完全是自足的语言系统的产物，还来自于读者、语篇、其他语篇以及决定意指过程的社会文化因素。""任何语篇都不可能独立于它以前的语篇而存在。"① 作为语篇分析的重要组成部分之一，互文性分析"既有微观的语言层面的描述，又有宏观的社会层面的解读和阐释"，是"联结语篇和语境的桥梁"②，是一种考察语言与意识形态互动的有效分析模式。

对于互文性在文本中表现出的意识形态传递功能，批评语言学家提出了不同的分析模式。汤普森的分析模式为社会与历史分析、形式分析和解释与再解释过程。社会与历史分析用以描绘文本出现的社会及历史语境；形式分析则包括对文本语言各层次形式结构的描述，如语速、词汇、句法、语义等；解释与再解释过程则使文本形式与社会历史诸因素建立连接，以期从社会历史诸因素中找到对文本形式合理一致的解释。Fairclough 认为，克莉斯蒂娃的互文性可理解为"文本吸收并建立在过去文本的基础上（文本是构成历史的主要人工制品）。'将文本插入到历史中'，她的意思是文本回应、重新强调和重新制作过去的文本，并以此来帮助创造历史和对更为宽广的变化过程做出贡献，不仅如此，还可以期待和尝试去塑造后续的文本。文本内在的历史性使它们在当代社会里承担着重要角色，在社会文化变迁中发挥着前沿性作用。"③在 Fairclough 批评话语分析的三维度分析框架中，互文性是

---

① 丁建新：《叙事的批评话语分析：社会符号学模式》，重庆大学出版社 2007 年版，第 107 页。
② Fairclough, N.: *Critical Discourse Analysis*: *the Critical Study of Language*, London: Longman, 1995: 189.
③ 转引自熊伟：《话语偏见的跨文化分析》。

话语实践的主要分析工具。Fairclough认为，互文性理论为文本分析引入了历史的纬度，有助于了解话语和社会文化变迁的关系。话语实践包括三个环节：文本的生产、传播和消费。生产环节的互文性体现文本的历史性；传播环节的互文性设计不同话语规范的转换，这种转化过程能体现隐性的权力关系。消费环节的互文性强调了消费者带入解释过程的其他文本对解释也起着重要的建构作用。同时，Fairclough还指出互文性和霸权之间有着极其重要的关系，认为"互文性概念指向文本的生产能力，指向文本如何能够改变从前的文本，如何重建现存的习俗（文类、话语），以便创造出新的习俗"[1]。"互文性过程和话语的竞争和重建秩序的过程是话语范围内的霸权斗争的过程。"[2]

第三节 互文性与身份构建

批评话语分析的一个重要方面是语篇的身份构建功能，互文性是探究身份构建的重要渠道之一。"对语篇'互文性'概念的引入将语篇实践分析纳入分析范围，由此对语篇的文本进行词汇、句法、连贯等层面的静态分析上升至对文本的动态分析层面，即将语篇看作是动态的、社会实践的一种方式。作为社会实践的语篇不仅能够反映、再造、甚至巩固现存的社会秩序，还能通过不同体裁交织所产生的互文性引发语篇秩序内部及语篇秩序

---

[1] ［英］诺曼·费尔克拉夫：《话语与社会变迁》，殷晓蓉译，华夏出版社2003年版，第94页。
[2] 同上，第95页。

之间的界限变化,从而成为推动社会文化变动的动力。语篇对身份的建构功能就不再局限于语言人际元功能的静态建构,而且还包含了互文性的动态建构。互文性对身份的动态建构不再局限于语篇之内,而且被置于社会文化变迁的大环境之中。这样互文性就联结了语篇实践和社会实践,并实现了通过语言来研究社会的终极目标。"①

第四节　语料分析：默克尔演讲语篇中的互文性

默克尔关于德国统一的七篇演讲辞对话性强,且具有典型的多语杂存和多体裁混合的特点,因此互文性是研究德国国家身份的构建过程的重要手段之一。在以下章节中,将从具体的互文性和体裁的互文性两方面分析默克尔的七篇演讲辞中互文性特征是如何构建德国国家身份的。

一、具体的互文性：套语和直接引用

根据辛斌对互文性的分类,具体的互文性指"一个语篇中的有具体来源的(有名有姓的或者匿名的)他人话语,这类互文性能够涵盖 Jenny 的'强势互文性'、菲尔科劳的'显著互文性'和热奈特的'互文性',以及不加标明引用他人话语而产生的互

---

① 王伟强：《批评性语篇分析视域中的身份建构研究》，载《赤峰学院学报（汉文哲学社会科学版）》，2010 年第 11 期。

文关系。"① 在默克尔的演讲中，具体互文性有套语、引用、仿拟等，其中最突出的是套语、引用互文。以下我们将从套语、引用互文的角度分析默克尔在这七篇演讲辞中是如何塑造德国国家形象，进而构建德国国家身份的。

（一）套语

套语指的是千篇一律的表达，因过度使用而变得几乎没有意义的固定词组。在政治演讲中，个别词语或表达因为使用频率极高而成为套语，例如"民主""自由""平等""公平""责任""新开始"等。这些词由于被政治人物频繁地使用而几乎变成政治演讲中的术语。这些词语的使用使得演讲更易于理解和记忆。在默克尔的演讲中，"自由""世界""未来"等这样的词也被屡次提及。例如：

5-1 Gehen wir ins Offene, sehen wir die Chance des Risikos, wecken wir die Kraft der Freiheit für Solidarität und Gerechtigkeit, setzen wir Ideen in Taten um und tun dies in dem Geist, der unser Land stark gemacht hat – in dem Geist von Einigkeit und Recht und Freiheit für das deutsche Vaterland. （演讲1）

5-2 Diese unglaublichen Geschehnisse haben aus meiner Sicht einen gemeinsamen Ursprung: Die Sehnsucht nach Freiheit. Freiheit ist das kostbarste Gut. Diese Sehnsucht konnte in Jahrzehnten nicht ausgelöscht werden, sie hat sich Bahn gebrochen und die Umwälzungen auf unserem Kontinent möglich gemacht. Die Wiedervereinigung

---

① 辛斌：《语篇研究中的互文性分析》，载《外语与外语教学》，2008 年第 1 期。

Deutschlands am 3. Oktober 1990 bedeutete ja nichts anderes als einen Sieg von Freiheit und Demokratie über Diktatur und Unfreiheit. Der 3. Oktober 1990 bedeutete den Sieg einer marktwirtschaftlichen, freiheitlichen Ordnung über ein planwirtschaftliches System, das nicht funktionieren konnte. Der 3. Oktober 1990 bedeutete den Sieg von Partnerschaft und Freundschaft über Block – Konfrontation und Kriegsgefahr. Die Kraft von Freiheit und Demokratie – das ist es, was zählt. In diesem Geist feiern wir nun zum 19. Mal den 3. Oktober. （演讲2）

5 – 3 Meine Damen und Herren, in diesem Sinne wünsche ich mir, dass wir vom 3. Oktober 1990 vor allem zwei Erfahrungen mit in die Zukunft nehmen: Die Kraft, die von den Werten Freiheit, Demokratie und Zivilcourage ausgeht, und die Kraft, die in einem Volk stecken kann, wenn es entschlossen ist, diesen Werten Geltung zu verschaffen. （演讲2）

5 – 4 Mit dem Ende des Kalten Kriegs Ende der 80er Jahre und dem Siegeszug der Freiheit hat die Demokratie in einem unglaublichen Maβe gesiegt. （演讲5）

　　西方发达国家公开宣扬自由、民主，所行之事往往被贴上这样的标签，自由、民主被频繁地使用到各种政治演讲中，在受众中具有广泛的接受度。政治演讲者往往用"自由、民主"等共同价值观同化民众，使民众产生心理共鸣，达到规劝、鼓舞民众的目的，以实现演讲者的政治意图。在默克尔的这七篇演讲中，这样的套语亦多次出现，其在自由、民主等价值观上与某些西方大国领导者的政治演讲形成互涉关系。一方面，这些套语帮助演讲者迅速地拉近与听众的距离，使得演讲更容易被听众接受和记忆；另一方面，由于以美国为首的西方发达国家一贯标榜"自由""民主"，这些套语反映了思考与表达的习惯性方式，使得听众将统一后的德国与美国等标榜所谓自由民主的国家之间建立联系，使得统一后的德国国家形象被西方普遍认可的价值观所充盈。

（二）直接引用

克莉斯蒂娃认为，"互文性的引文从来就不是单纯的或直接的，而总是按某种方式加以改造、扭曲、错位、浓缩、或编辑，以适合讲话主体的价值系统。"①

所以，我们可以说，互文的引用并不是随意的、偶然的，相反互文是根据演说主体的价值体系而精心安排的。"选取不同的互文是为了实现不同的政治目的和文化目的，互文的选取是为各自意识形态服务的。"②

引用包括直接引用与间接引用，同时也分为引用别人的话与引用自己的话。引用原指使用任何其他类别的表达方式，尤其是艺术作品中的表达方式，如绘画的元素、电影中的场景或音乐的片断。后来，引用被引入文学领域，指直接引用他人的前文本，通常是从有明确来源的著名作品中引用未经修改的文本，又称"文学暗指"。这种引用通常用引号标示出来。这种互文关系的好处是所引用的文本具有自身的流行度，容易被公众所接受，作者通过引用他人的文本来说明自己想要表达的内容。自我引用是将自己的话从甲文本搬到乙文本中。引用的使用可以帮助读者或听

---

① 转引自程锡麟：《互文性理论概述》。
② 窦卫霖：《对中美国家领导人演讲中的互文性现象的批评性话语分析》，载《外语与外语教学》，2009年第11期。

众注意到演讲者的立场和观点,使演讲者的政治观点得以彰显。

其中,直接引语准确地还原了原话,保留了原话的风格,直接引语能增强语篇的对话性与戏剧性,富有视觉效果和感染力,使人有身临其境之感。因此直接引语比间接引语更具表达力。Fairclough 认为,"直接引语通常用在下列情况:当被转述话语重要、有戏剧性、简要有力、机智诙谐时;当被转述话语来自权威者时;当转述者希望把自己与被转述话语相联系或者拉开距离时;当报道有充足的空间来进行转述时。"①

在默克尔的七篇演讲辞中,直接引语共出现 34 次,是演讲辞中最显著的互文性特征之一。例如,在演讲 1 中,,Gehe ins Offene!"作为直接引语出现 4 次,之后"ins Offene"在演讲 1 和演讲 2 中又以仿拟的形式出现 4 次。例如:

5 – 5 Er schrieb:,, Gehe ins Offene!"(演讲 1)

5 – 6 Und wie ich losmarschiert bin, wie viele andere auch, hinaus ins Offene, ins Neue: Zunächst einmal nur, um den Leuten beim ,, Demokratischen Aufbruch" zu helfen, um Computer aus Kartons auszupacken und anzuschließen – wir konnten anpacken, wir konnten zupacken – ; schließlich, um die Verhandlungen zur Deutschen Einheit mitzuerleben.(演讲 1)

5 – 7 16 Jahre von der Widmung,, Gehe ins Offene" bis heute nach Kiel zu diesem Festakt. 16 Jahre nicht nur in meinem Leben, 16 Jahre im Leben aller Deutschen – in Ost und in West, in Nord und in Süd. 16 Jahre – am Anfang stand Begeisterung.(演讲 1)

---

① 辛斌、李曙光:《汉英报纸新闻语篇互文性研究》,外语教学与研究出版社 2010 年版,第 92 页。

5-8 ,, Gehe ins Offene " - das ist mir zu Beginn der Deutschen Einheit geschrieben worden. ,, Gehe ins Offene " - das sage ich heute unserem Land. Gehen wir ins Offene... （演讲1）

,, Gehe ins Offene!"是德国作家兼剧院老板 Michael Schindhelm 在赠书上为默克尔写下的赠言。作为德国的文化界的名人，Michael Schindhelm 是具有一定的号召力和说服力的。默克尔借他之口表达了希望德国民众放眼未来、放眼世界的愿望和要求。而命令句在这里的使用表达了演说者迫不及待的心情和不容置疑的信心，表明了统一的德国要告别分裂的过去、走向开放、走向世界的必要性和紧迫性。而之后多处类似的表达与此处的,, Gehe ins Offene!"形成互文，如"Gehen wir ins Offene""ein Weg ins Offene"等。

5-9 Gehen wir ins Offene, sehen wir die Chance des Risikos, wecken wir die Kraft der Freiheit für Solidarität und Gerechtigkeit, setzen wir Ideen in Taten um und tun dies in dem Geist, der unser Land stark gemacht hat - in dem Geist von Einigkeit und Recht und Freiheit für das deutsche Vaterland. Dann wird der Tag der Deutschen Einheit immer das bleiben, was er für mich seit 1990 ist: Ein Tag der Freude und ein groβes Geschenk. （演讲1）

5-10 Dafür gibt es keine Lehrbücher, sondern das ist wieder ein Weg ins Offene, in eine neue Zeit, in der wir die Chancen der Krise nutzen sollten. （演讲2）

在演讲2中，默克尔为了说明应对全球化经济必须接纳来自全球不同地区的合作伙伴和竞争对手的事实，直接引用了来自新加坡的科学家和时事评论家 Kishore Mahbubani 书中的话。一来，

123

为了显示演说者持有观点受到权威人士的认同,具有一定的客观性,增强了可信度和说服力;二来,被引用的话来自知识分子阶层,这与演说者所代表的统治阶层形成距离,从而达到使引言去政治化的客观效果,淡化了听众对政治家潜在的置疑情绪,笼络了更多的听众。

5 – 11 Einer der führenden intellektuellen Köpfe Asiens, der Wissenschaftler und Publizist Kishore Mahbubani aus Singapur, schreibt in seinem Buch,, Die Rückkehr Asiens " – ich zitiere:,, In den letzten Jahrhunderten war der Westen, während er die Welt auf seinen Schultern trug, die bei weitem offenste und robusteste Kultur. Er war es, der den asiatischen Aufbruch in die Moderne ausgelöst hat. Deshalb sollte er über diese positive neue Tendenz der Weltgeschichte jubeln. Wir befinden uns in einem der formbarsten Momente der Weltgeschichte. "（演讲2）

在提到坚持自由与开放时,默克尔直接引用基本法中的条款,以基本法的严肃性和不容置疑性说明自己观点的正确和可信。

5 – 12 Ich bin fest davon überzeugt, dass Politik in diesem Sinne gestalten kann, ausgehend von dem Fundamentalsatz unseres Grundgesetzes:,, Die Würde des Menschen ist unantastbar. "（演讲2）

在默克尔的演讲中,直接引语除了有来自书籍、法律条款等的书面语外,还有人物的口头表述,例如:

5 – 13 Es ist so, dass uns schon damals klar war – Wolfgang Schäuble hatte es gesagt:,, Es kann nicht von heute auf morgen alles besser werden, vieles wird Zeit brauchen. Jahrzehnte kommunistischer

<<< 第五章　德国国家身份构建：话语实践

Planwirtschaft und ihre Folgen lassen sich nicht über Nacht berichtigen. Aber jeder weiβ, dass es jetzt eine Chance zur eigenen Gestaltung gibt. "Solange es darum ging, möglichst viele Maschinen eines bestimmten Typs herzustellen, konnte man in den sozialistischen Planwirtschaften die Leute vielleicht noch ,, pressen ". （演讲 5）

5 - 14 Ich erinnere mich daran, dass in den ersten beiden Jahren, in denen ich Bundestagsabgeordnete war, plötzlich weinende Frauen in Stralsund zu mir kamen und sagten：,, Frau Merkel, es ist etwas ganz Schlimmes passiert. Wir haben einen Dezernenten aus dem Westen. Der hat die Zahl der Datschen und Schrebergärten im Verhältnis zu den Wohnungen verglichen und festgestellt, dass das in Nordrhein - Westfalen anders geregelt ist und dass bei uns sozusagen zu viele Schrebergärten existieren. Unsere Männer sind doch alle arbeitslos; und wir müssen uns scheiden lassen, wenn wir nicht mehr in unseren kleinen Garten können. Sie müssen verhindern, dass dieser Mann hier in Stralsund Westverhältnisse einführt. "（演讲 5）

在例 5 - 13 中，Wolfgang Schäuble 是德国基民盟党内元老级的重要人物，后来曾担任财政部长，2010 年被英国"金融时报"评为欧洲最佳财政部长，在德国社会拥有较高的满意度，直接引用他的原话，一方面使得演讲更具生动性和真实性，一方面增加了演讲的说服力。在例 5 - 14 中，一位生活在前民主德国地区的女士向默克尔哭诉两德统一后，原民主德国时期建立的小果园被迫统一改为联邦德国的管理模式，造成原民主德国地区的果农大批失业，果农们一时难以接受。默克尔直接引用了这位女士的原话，使读者和听众仿佛身临其境，增加了演讲的说服力和感染

125

力，同时也试图从侧面说明德国执政者能够深入民众当中，倾听不同阶层人民的声音，并树立德国是一个"民主"国家的形象。

"政党所代表的社会基础并不天然存在，很多时候为了获得更多的政治支持，政治家们要把各种各样的社会群体焊接在一起而组成一个政治统一体。"① 在默克尔与德国统一相关的政治演讲辞中，大量直接引用来自不同社会阶层和拥有不同社会身份的人物的口头话语或文字，一方面试图体现其演说的去政治化、合理化、广泛的认可和接受程度，从不同角度佐证了其在演讲中所欲表达的观点；另一方面则达到了树立一个广听民意的、从善如流的国家形象的目的。

二、体裁的互文性：修辞互文性

修辞互文性指演讲者在其演说中频繁地使用不同的修辞手法，如排比、对仗、重复和比喻等。在默克尔关于德国统一的七篇演讲当中，修辞互文性主要体现在排比和重复修辞手法的运用上。例如：

5－15 Ich habe mich begeistert für die Stärken, die Möglichkeiten dieses Landes, für die Möglichkeiten der alten Bundesrepublik, für die Soziale Marktwirtschaft. Sie war immer mehr als eine wirtschaftliche Ordnung. Sie ist ein Gesellschaftsmodell. Sie ist Ordnung der Freiheit und des Wettbewerbs, Ordnung der Teilhabe und der Solidarität. Sie versöhnt Arbeit und Kapital.

Ich habe mich begeistert für die föderale Ordnung unseres Landes.

---

① Fairclough Norman: *Language and Power*, London: Longman 1990: 185.

<<< 第五章 德国国家身份构建：话语实践

Heimat und regionales Lebensgefühl fanden endlich auch bei uns wieder politisch einen Ausdruck. Nicht mehr anonyme DDR – Bezirke, sondern Identität: Die Brandenburger, die Mecklenburger, die Vorpommern, die Sachsen – Anhaltiner, die Sachsen und die Thüringer. Ich habe mich begeistert für die repräsentative Demokratie. Ihre Regeln, ihre Institutionen ermöglichen offene Diskussionen. Gleichzeitig ermöglichen sie, dass am Ende auch in komplexen Sachverhalten verlässliche Entscheidungen stehen, bei denen es nicht einfach um Ja oder Nein geht. Ich habe mich begeistert für die Freiheit, lesen, sprechen und schreiben zu dürfen ohne Furcht vor Nachteilen oder gar Verfolgung, für Medienberichte ohne staatliche Zensur und Einflussnahme. Ich habe mich begeistert für ein Land, das gelernt hat, dass erst aus dem Bewusstsein für die immerwährende Verantwortung gegenüber unserer Geschichte, auch ihren dunkelsten Teilen, die Kraft zur Gestaltung der Zukunft erwächst. （演讲1）

5 – 16 Aber nicht alle Hoffnungen haben sich erfüllt. In 16 Jahren habe ich so manche Erfahrung gemacht, die ich 1990 so nicht erwartet hatte. Ich habe die Erfahrung gemacht, wie viel Bürokratie und staatlichen Kollektivismus es auch in der alten Bundesrepublik gibt. Niemandem hier im Saal muss ich erzählen, wie viel Geduld, Zeit, Antragsformulare und, und, und man dafür braucht, bestimmte Dinge zu erledigen, z. B. Existenzen zu gründen. Wie aber soll Vertrauen in die Soziale Marktwirtschaft entstehen, wenn die praktische Erfahrung manchmal eine völlig andere Sprache spricht? Was sagen wir z. B. in diesen Tagen den Mitarbeitern von BenQ, die so mir nichts dir nichts auf die Straße

127

gesetzt werden sollen? Ich glaube, hier steht ein Traditionsunternehmen wie Siemens - pars pro toto - in einer besonderen Verantwortung für seine früheren Mitarbeiter. Diese Verantwortung muss wahrgenommen werden.

Ich habe die Erfahrung gemacht, wie sehr sich das Leben von der Substanz auch in der Bundesrepublik eingeschlichen hat. Eine horrende Staatsverschuldung, über Jahre hinweg nicht eingehaltene Maastricht - Kriterien und keine Einhaltung des Art. 115 unseres Grundgesetzes ohne Ausnahmetatbestand - all das ist Leben von der Substanz. Wir verbrauchen unsere Zukunft. Schlimmer noch: Wir verbrauchen die Zukunft unserer Kinder.

Ich habe die Erfahrung gemacht, wie sehr die Macht von Lobby - Gruppen und organisierten Einzelinteressen Einfluss auf fast alle Entscheidungsabläufe nehmen will. Ich erspare Ihnen praktische Beispiele bei der Gesundheits - und Unternehmenssteuerreform. Ich habe die Erfahrung gemacht, welche Schattenseiten der Föderalismus hat. Wenn vor 40 Jahren nur 30% aller Gesetze zustimmungspflichtig waren und es jetzt bis zur Föderalismusreform mit 60% doppelt so viele waren, dann ist dabei etwas aus dem Lot geraten. Deshalb ist es gut, dass die Föderalismusreform diesen Kreislauf durchbricht. Deshalb ist es wichtig, dass wir auch eine Föderalismusreform II bekommen. Die Neuordnung der Finanzbeziehungen zwischen Bund und Löndern muss erfolgen.

Dabei müssen wir uns daran erinnern, was unsere föderale Ordnung stark werden ließ. Das war die Idee des Lastenausgleichs. Sie hat

<<< 第五章 德国国家身份构建：话语实践

einstmals schwache und arme Länder in die Lage versetzt, nach oben zu kommen und Anschluss zu finden. Genau dieser Gedanke ist es auch, der uns beim Solidarpakt für den Aufbau Ost trägt. Nur wenn wir diesem Gedanken des Lastenausgleichs treu bleiben, werden wir es schaffen, dass die Klüfte zwischen Ost und West überwunden werden.

Ich habe die Erfahrung gemacht, dass manche beim Recht, frei ihre Meinung zu sagen oder zu schreiben, eine unnötige Schere im Kopf haben, dass gleichsam die weiße Fahne gehisst wird, bevor auch nur irgendetwas zu passieren droht. Wie anders ist denn die Entscheidung um die Absetzung der Mozart - Oper in Berlin zu werten? über Geschmack lässt sich trefflich streiten. Es gibt in Deutschland auch kein Verbot, sich verletzt zu fühlen. Man muss auch nicht in eine Oper gehen. Aber über die Freiheit der Kunst, über die Freiheit der Rede, der Presse, der Meinung, der Religion lässt sich nicht streiten. Hier kann und darf es keine Kompromisse geben.

Wenn ein Dialog der Religionen gelingen soll – und dieser Dialog ist für uns alle von existenzieller Bedeutung –, dann muss klar gerückt sein, dass das nur mit der Anerkennung der Würde jedes einzelnen Menschen geschehen kann. Da hat Gewalt keinen Platz. Gewalt im Namen einer Religion pervertiert und missbraucht diese Religion. Respekt von anderen werden wir nur erfahren, wenn wir zeigen, dass wir selbst Respekt vor dem haben, was uns wichtig ist.

Ich habe die Erfahrung gemacht, dass wir den Hang haben, das Risiko vor der Chance zu sehen, dass wir aus Angst vor dem Neuen lieber an Bekanntem festhalten. Aber die Welt um uns herum wartet

129

nicht auf uns. China und Indien werden ihren Weg gehen. Die Globalisierung findet statt, ob es uns passt oder nicht. Die Frage ist nur, ob wir an ihr teilhaben werden oder nicht. （演讲1）

5 - 17 Unterstützt wurden wir dabei von Partnern im Westen, in Europa, in den Vereinigten Staaten von Amerika. Und unterstützt wurden wir auch von unseren Nachbarn im Osten. Denn ohne die Reformer um Václav Havel in der Tschechoslowakei, ohne die Gewerkschaft Solidarnosc in Polen, ohne die Organisatoren des Paneuropäischen Picknicks oder ohne die Politik Michail Gorbatschows, der mit Glasnost und Perestroika die Fenster in seinem Land weit geöffnet hatte, wäre dies alles nicht möglich gewesen. （演讲2）

由于排比句式的特殊组合结构，话语呈现出鲜明的节奏感，话语的气势和力量得到增强，话语产生了强烈的攻击效果。在例 5 - 15 中，默克尔连用了五个排比"Ich habe mich begeistert für"表达自己对统一后的德国所取得的伟大成就而感到由衷的高兴和兴奋。这五个排比一方面传达出了强烈的个人情绪，能极好地调动听众的情绪，另一方面则借此勾勒了统一的德国的正面国家形象：社会市场经济体制运转良好、社会秩序井然有序、东西部差距缩小、民主与自由得到发扬光大、对过去负责任、对未来有把握。

在例 5 - 16 中，默克尔连用了六个"ich habe die Erfahrung gemacht"构成了一组语气强烈的排比句，以自己特殊的身份——曾供职于前民主德国政府，如今又成为了统一后的德国首位女总理——所积累的经验和体验增强演讲内容的可信度，她将统一前的德国和统一后的德国进行了对比，意在说明统一后的德国与过去相比已经取得了一定的成绩,而且只要继续坚持现有的路线并持兼容并包的开放态度就可以发展得更为迅速。

在这两组排比句中,演讲者使用的时态均为现在完成时。现在完成时表达动作已经发生或完成,事实已经存在或实现。通过现在完成时的使用,演讲者预先假设了演讲所描述的内容是真实可靠的、无须质疑的,给听众以真实感和实现感。

在例5-17中,默克尔对欧洲和以美国为首的西方国家表达谢意和肯定并迅速地选边站队。四个由"ohne"引导的介词词组构成的结构相同的排比句,加深了听众的印象,增强了演讲者的气势,排比句中选取的均为"东欧剧变"中受到波及的国家及当时的领导人,德国统一事件与这些国家相同或相似的历史背景相成了互文关系。基于相同或相似的历史时代背景,默克尔试图建立自己与听众共同的情感、价值和思维模式,希望以此唤起民众的共鸣、认可和接受。

另一种被频繁使用的修辞手法是重复。形式上的重复可以刺激、同化听众以达到说服听众、加深主题的目的。例如,

5-18 16 Jahre von der Widmung,, Gehe ins Offene" bis heute nach Kiel zu diesem Festakt. 16 Jahre nicht nur in meinem Leben, 16 Jahre im Leben aller Deutschen – in Ost und in West, in Nord und in Süd. 16 Jahre – am Anfang stand Begeisterung. (演讲1)

5-19 Aus dieser Begeisterung für die Stärken und Möglichkeiten unseres Landes ist Hoffnung erwachsen. Hoffnung, den Verbrauch, also das Leben von der Substanz beenden zu können. Umweltverschmutzung, Städteverfall, Staatsverschuldung – mit all diesem Zukunftsverbrauch sollte Schluss sein. Hoffnung, in Bildung und Wissenschaft

131

wieder an die internationale Spitze anschließen zu können, unsere Potentiale an Ideen, Innovationen und Hochtechnologien nutzen zu können. Viele dieser Hoffnungen haben sich erfüllt. Viele ostdeutsche Innenstädte erstrahlen im neuen Glanz. Die Verkehrsinfrastruktur und die Telekommunikation gehören heute zu den modernsten der Welt. Die Umwelt ist sauberer geworden. Die Gesundheitsversorgung hat sich verbessert. Alten – und Behinderteneinrichtungen sind endlich menschenwürdig geworden. Ein fester Kern wettbewerbsfähiger Unternehmen ist mit neuen und innovativen Produkten erfolgreich. （演讲1）

例5-18中"16 Jahre"被重复使用四次，目的是为了表达统一的德国经历了漫长的蜕变过程，统一后的德国今非昔比，更提醒听众德国统一的果实来之不易。例5-19中，"Hoffnung"的重复使用激发了听众强烈的爱国情绪和对德国美好未来的向往，极大地调动了听众的情绪。

第五节 小结

本章在批评话语分析话语实践维度里，从互文性的角度分析了默克尔与德国统一相关的演讲辞是如何构建德国国家身份的。本研究采用了辛斌对互文性的分类方法，对语料互文性的分析从具体互文性和体裁互文性两个方面展开，具体考察的是语料库中互文性特征明显的套语、直接引语、排比和重复。

通过分析，可以发现：默克尔在演讲辞中频繁使用诸如"民主""自由"等套语,与以美国为首的西方国家所标榜的"民主""自由"形成互文关系,引导听众将德国和其他西方国家之间建立联系。德国国家形象被西方国家普遍认可的价值观所充盈,德国国家形象被打上"自由、民主"的烙印。

　　作为具体互文性的重要体现之一,直接引语的使用增强了演讲辞的对话性和戏剧感,使演讲更富有感染力和鼓动性。一方面,可以达到借他人之口表达己方之意的目的,另一方面,还有助于演讲辞的去政治性,增强演讲的客观性和说服力。由于默克尔演讲辞中的直接引用不仅有书面语,而且有口头表达;不仅有来自社会顶层的政治、经济、文化界名人的赠言或评论,又有来自社会中下层的生活在前民主德国地区的妇女的哭诉,客观上造成了一种德国政府是一个能够倾听不同阶层的声音、代表各阶层利益的政府的印象,对德国民主国家形象的塑造起到了强化作用。

　　演讲辞中排比和重复也是体裁互文性的重要表现。需要指出的是,在默克尔的演讲辞中共出现三组排比句,其中有两组为现在完成时,现在完成时表达动作已经发生或完成,事实已经存在或实现。这一时态的使用预先假设了演讲者所描述的内容的真实性,从而增强了演讲的说服力和可信度。重复是词与词之间形成互文,重复的使用有利于强化演讲的内容,增强演讲的气势。默克尔的演讲辞中,构成重复的词"16 Jahre"强调了统一后的德国所走过的艰辛历程,"Hoffnung"表达了德国对未来的强大信心和美好期待。这样的表达均向听众发出正面、积极的信号,有助于构建一个良好而积极的国家形象。

133

第六章

德国国家身份构建：社会实践

　　Fairclough（1992）在《话语与社会变迁》一书中强调了话语、身份和社会现实之间的辩证关系。他认为，"社会是由话语与非话语因素（包括物质条件、社会关系和价值体系）共同构成的。这两类因素辩证地联系在一起，不断内化对方的影响。它们之间的互动过程被称为"社会实践"（social practice），也就是特定情境中的社会选择、组织与排序的机制。这种机制决定了社会结构能够在多大程度上发挥作用，有效地影响具体情境中的具体实践。"[①] 一方面，话语受其赖以生存的各种社会现实的影响，包括各种社会机构、社会身份和社会准则，它反映和再现社会现实；另一个方面，话语又是一种重要的社会实践形式，是构建各种社会身份和社会现实的重要手段。话语是"驱动社会历史向语言历史发展的传输带"[②]，即社会变革在一定程度上是通过话语实践来实现的。

[①] 转引自王熙：《篇际互文性分析对教育研究的借鉴意义——解读身份认同的新路径》，载《北京大学教育评论》，2009年第4期。

[②] 转引自徐涛、张迈曾：《高等教育话语的新变迁——机构身份再构建的跨学科研究》，载《河北大学学报》（哲社版），第3期。

<<< 第六章 德国国家身份构建：社会实践

　　以上章节从词汇选择、语法及语篇三个层面考察了默克尔与德国统一相关的政治演讲对德国国家身份构建的过程。以下章节将结合 Fairclough 有关话语与社会现实之间辩证关系的论述，一方面从话语的反映功能出发，分析演讲话语的实践形式是如何反映德国社会现实的；另一方面从话语的建构功能出发，探讨话语实践形式对于构建身份关系和社会现实所产生的重要影响。

第一节　话语对社会现实的反映

　　"第二次世界大战"结束后，德国经历了艰难的重建过程，最终再次走上复兴之路，成为欧洲最具影响力的国家之一。"二战"后，美英的欧洲复兴计划激发了德意志的民族复兴热情。戴维·莫利和凯文·罗宾斯曾在《认同的空间》一书中提到，德国在当今欧洲转型当中占据特殊的战略意义和象征意义："德国曾一分为二，而且这一划分还标示着欧洲东西两半的割裂"[①]。1989年11月9日柏林墙的倒塌，意味着"德国跨越空间并跨越时间重新遭遇自我。"柏林墙的倒塌，使被隔离了28年的民主德国人第一次有机会观察另一个德国。人们沉浸在别后重逢的巨大喜悦中，激发了当时民主德国人对美好生活的想象。在当时民主德国街头，抗议者的口号已经从"我们是人民"变成了"我们是一个民族"。默克尔的演讲辞多次再现了当时的情景。例如：

　　6-1 Die zweite Erfahrung führt uns zum 3. Oktober 1990. Das

---

[①] [英]戴维·莫利，凯文·罗宾斯：《认同的空间：全球媒介、电子世界景观与文化边界》，南京大学出版社2001年版，第136页。

Wetter in Berlin an jenem Tag war herrlich. Ich machte mich auf zur Feier in der Philharmonie. Alle waren in Festtagsstimmung. Bei mir mischte sich auf einmal Freude mit Sorge, mit so etwas wie Beklemmung. Denn gerade hatte ich entdeckt, dass man über Nacht die DDR – Volkspolizisten in Westberliner Uniformen gekleidet hatte. （演讲1）

6 – 2 Der 3. Oktober des Jahres 2009, der 19. Jahrestag der Deutschen Einheit, reiht sich ein in die Erinnerung an das turbulente und emotionsgeladene Jahr 1989 – ein Jahr einer zusammenbrechenden DDR, einer zu Beginn verwunderten und dann außerordentlich solidarischen alten Bundesrepublik, ein Jahr mit sich überschlagenden Ereignissen, beginnend mit der Kommunalwahl im Mai 1989 in der ehemaligen DDR, der Gründung von Bürgerrechtsbewegungen, Tausender Flüchtlinge, die über Ungarn und die Tschechoslowakei versuchten, in den Westen zu gelangen, ein Jahr des Verhandlungsgeschicks des damaligen Bundeskanzlers Helmut Kohl und des Außenministers Hans – Dietrich Genscher, ein Jahr, in dem Menschen sich selbst neu kennen lernten, Mut hatten, den sie sich vielleicht gar nicht zugetraut hatten; ein Jahr, das Geschichte geschrieben hat. （演讲2）

6 – 3 1989 haben die Ostdeutschen gerufen:,, Wir sind das Volk！" – und dann sehr schnell:,, Wir sind ein Volk！"（演讲6）

1990年10月3日，两德正式统一。然而两德统一带来的影响却是毁誉参半的。一方面，德国统一让德国经济承受重负。为防止前民主德国居民大规模迁徙至联邦德国地区，确保统一过程中的国家安全和社会稳定，德国政府宣布东德马克和西德马克按

<<< 第六章 德国国家身份构建：社会实践

平价兑换、旧联邦州向新联邦州提供长期的、大规模的经济援助、将新联邦州纳入联邦德国的社会保障体系、推动新联邦州政治与经济转型等。尽管如此，在两德统一漫长的转型期内，前民主德国人仍然抱怨自己不能像德国宪法所规定的那样享受经济同等繁荣。前民主德国地区很长一段时间内面临着经济增长乏力，人才大量流失，失业率居高不下，社会问题层出不穷，人民实际生活水平大幅下降，幸福感越来越低等艰难的问题。米夏埃尔·于尔格斯（Michael Jürgs）2008年出版的《德国统一现状》（*Wie geht's, Deutschand?*）一书中曾这样写道："民意调查发现，只有少数民主德国人对他们现在的生活感到满意，而大部分西德人认为对原民主德国地区的重建早该结束。"①因此，柏林墙虽倒，心墙仍在。

在演讲辞中，默克尔亦提到了德国东西部之间仍有许多问题有待解决，制定东部援助政策必须坚持贯彻实施，从而佐证了德国东西部差距依然存在。例如：

6-3 Dabei müssen wir uns daran erinnern, was unsere föderale Ordnung stark werden ließ. Das war die Idee des Lastenausgleichs. Sie hat einstmals schwache und arme Länder in die Lage versetzt, nach oben zu kommen und Anschluss zu finden. Genau dieser Gedanke ist es auch, der uns beim Solidarpakt für den Aufbau Ost trägt. Nur wenn wir diesem Gedanken des Lastenausgleichs treu bleiben, werden wir es schaffen, dass die Klüfte zwischen Ost und West überwunden werden. （演讲1）

---

① 米夏埃尔·于尔格斯：《德国统一现状》，徐静华译，人民出版社2012年版，封底。

6 – 4 Ich glaube, die Probleme, die uns am meisten beschäftigt haben, waren die Eigentumsprobleme. Da konnte man manchmal schon recht wütend werden; denn natürlich waren wir alle der Meinung, dass die so genannte Bodenreform, also die Enteignung von Grund und Boden im landwirtschaftlichen Bereich, Unrecht war. （演讲5）

在例5-14中，那位来自东部地区的妇女的抱怨正是诸多现实问题的一个侧面：由于东部地区旧的经济模式被新的社会市场经济模式所取代，一系列令人忧心的现实问题无法在短时间内得到有效解决，比如失业现象普遍、部分家庭生活窘迫等。

从另一个角度来说，两德统一在给德国政治经济社会生活带来一些困境的同时，也为德国的继续发展和再度崛起提供了机遇。东部经济结构得到了优化，德国统一后综合国力增强，在欧洲和国际上的政治地位已经并将会继续不断得到提高。德国处于欧洲的中心位置，是联结东、西欧洲的桥梁和纽带，地理交通条件得天独厚。地理位置的优越和巨大的经济潜力，使欧洲的政治重心将不可避免向德国位移。德国在欧洲发挥着重要的作用，在欧盟中处于支配地位，国际关系格局发生重大变化，德国谋求在国际上发挥更大的作用和影响。

6 – 5 16 Jahre, von 1990 bis heute: Deutschland hat mich verändert und Deutschland hat uns alle verändert. 〔…〕Das ist Soziale Marktwirtschaft. Deutschland liegt nach seiner Einwohnerzahl auf Platz 14 in der Welt und nach seiner wirtschaftlichen Leistungskraft auf Platz 3. Jedes Jahr finden zigtausend Existenzgründungen statt und rund 100 Milliarden Euro erwirtschaften wir jährlich allein für die Unterstützung der Familien. Es gibt nicht viele Länder, die das

zustande bringen. （演讲1）

6 - 6 Es kann etwas sehr Gutes bedeuten, wenn wir lernen, europäische Verantwortung täglich erlebbar zu machen. Genau das ist gemeint, wenn ich von ,, mehr Europa " spreche. Mehr Europa – das ist letztendlich auch eine Konsequenz des Endes des Kalten Krieges, der Vergrößerung der Europäischen Union und schließlich der Verteidigung gemeinsamer Werte bei globalen Herausforderungen. （演讲7）

统一后的德国问题与机遇并存，可谓喜忧参半。默克尔的演讲辞集中反映了德国统一以后所面临的国内、国际环境，为进一步提出构建一个统一的德国、欧洲的德国和世界的德国的国家形象铺陈道路。

第二节 话语对国家身份构建和社会现实的影响

一、权力

（一）权力的内涵

话语、权力和意识形态是批评性话语分析的核心解释框架，权力和意识形态对话语的生产、分配和消费过程的各个环节都施加着影响力。作为西方政治哲学的核心概念，权力被不同学者从不同角度进行了深入研究。在《西方论文讲稿续编》中，赵一凡如是总结："西洋政治思想史上，马基雅维利迷信君权，卢梭鼓吹社会契约，黑格尔将司法视为关键，马克思则把生产关系当作根本"。①而尼采和福柯对权力的探讨则不仅仅局限于政治理论，而是推广到更为广泛的领域，如伦理、话语、主体等。以下章节将重点阐述尼采和福柯的"权力"思想。

德国哲学家尼采最早提出"权力意志"的概念。他认为，事物除了追求生存的基本"生存意志"外，还应追求强大、优势、权力和超越自身。"权力意志"是一切事物的本质，一切事物包括人的一切行为、活动都是权力意志的表现。法国后现代主义哲学家福柯深受尼采权力意志哲学思想影响，他将"权力意志"拓展至"知识意志"，认为权力和知识并置且同构，权力与知识之间是辩证关系，即权力制造或压抑知识，知识服务于或瓦解权力。福柯将话语看作一个为知识确定可能性的系统，以及一个用来理解世界的框架。"一套话语是作为一系列的正式的或非正式的、得到承认的或不能被承认的'规则'而存在的。这些规则决定了可以做出陈述的类型，界定了真理的标准，规定了可以言说的事物及内容。"福柯认为，话语、权力和知识之间的关系盘根错节，枝蔓相连。权力存在于生产某种概念和知识体系的过程中，是在话语中被创造出来的。

Fairclough认为，"话语作为一种政治实践，建立、维持和改变权力关系，并且改变权力关系在其间得以获得的集合性实体（阶级、集团、共同体、团体）。作为一种意识形态实践的话语从权力关系的各种立场建立、培养、维护和改变世界的意义。如同这种词语表达所包含的意思那样，政治实践和意识形态实践不是相互独立的，因为意识形态作为权力实施和权力斗争的一个方

---

① 赵一凡：《西方文论讲稿续编》，三联书店2009年版，第688页。

面,是在权力关系中产生出来的意义。因此,政治实践是高级范畴。进而言之,作为一种政治实践的话语,不仅仅是权力斗争的场所,而且也是权力斗争的一个至关重要的方面:话语实践利用了那些孕育了特殊的权力关系和意识形态的习俗,而这些习俗本身,及它们之得到表达的方式是斗争的焦点。"①

(二) 权力实施的方式

1. 史蒂文·卢克斯的权力观

美国纽约大学社会学教授史蒂文·卢克斯(Steven Lukes)批判性地总结和分析了"权力"具有的三副面相:第一种面相是"A 对 B 有权力的范围及于 A 可以迫使 B 去做一些他本不愿去做的事情"②。这种形式的权力关注的是在做出有明显争议的决策时的行为和结果,其行为的实施形式是有意识的、外显的和单向度的;第二种面相是"当 A 参与到决策,而这些决策影响到 B 时,权力确实被运作了。但是,当 A 运用自己的力量去创制和强化社会、政治价值倾向以及制度管理,从而达到控制政治议程的目的,使得政治议程对于公共问题的考虑和回应只能涉及那些对己无害的议题时,权力也被运作了。"③ 这种形式的权力不再是单向度的,而是双向度的,它在保留单向度权力特征的同时,还通过制定"游戏规则"来规避那些可能对权势群体利益带来潜在威胁的议题的提出。"这样,不同或反对的'声音'就会被压制和消音,从而不可能进入到决策讨论中,给人一种没有反对就是同意

---

① [英]诺曼·费尔克拉夫:《话语与社会变迁》,华夏出版社 2003 年版,第 62 页。
② Richard, John E.: *Analysing Newspaper*. New York: Palgrave Macmillan 2007: 30.
③ 同上。

的假象。"①；第三种面相是"A 还可以通过影响、塑造或决定 B 的态度、信念和所需来实施其权力。"② 也就是，A 通过塑造 B 的认知、偏好，使 B 视现有秩序为天经地义的、不可动摇的，使其不动寻找替代性方案的念头，安于接收现有秩序中的角色。这种面向被称为是三向度的。话语是三向度的权力实施的工具，这种手段间接、微妙、具有策略性。

2. 约翰·加尔布雷斯的权力观

美国经济学家约翰·加尔布雷斯（J. K. Galbraith）在《权力的剖析》（the Anatomy of Power）一书中对权力的本质、根源、结构与运作方式进行了深入的剖析，并跟权力的不同实施方法，将权力分为应得权力、补偿权力和调控权力。

应得权力通过施加或威胁施加惩罚性后果，以强加给个人或群体替代性的选择，从而改变他们原有的选择来迫使其服从，是一种惩罚性权力。例如军队、警察。补偿权力是一种通过给予肯定性回报而赢得他人服从的权力。在现代经济中，补偿性权力最重要的表现形式就是为报答所提供的服务而付出的金钱报酬，以使他人服从于经济的或个人的目的。调控权力指通过改变他人的信念，即通过说服、教育或承担看似自然、合理和正确的社会责任来使他人屈从于个人或机构的意志。在现代政治经济中，调控权力比前两种权力更为重要，使人服从的方式也往往不易察觉。报纸、电视、书籍、演讲、广告、新闻发布会等是约定性权力的表达载体和表现形式。而权力的三个源泉是人格、财产和组织。

---

① 熊伟：《话语偏见的跨文化分析》，武汉大学出版社 2011 年版，第 176 页。
② 同上。

<<< 第六章　德国国家身份构建：社会实践

3. 约瑟夫·奈的权力观

1990年,《政治学季刊》(Political Science Quarterly) 和《外交政策》(Foreign Policy) 等杂志上刊发了美国哈佛大学教授、国际关系学者、前克林顿政府国家情报委员会主席和助理国防部长的约瑟夫·奈 (Joseph S. Nye) 的《软权力》(Soft Power) 等系列论文，文中首次提出"软权力"一词。同年，约瑟夫·奈在稍后出版的《注定领导世界：美国权力性质的变迁》(Bound to Lead: The Changing Nature of American Power) 一书中详细论述了"软权力"概念，驳斥美国"衰弱论"的观点，认为美国在当今世界上不仅拥有经济和军事等"硬权力"优势，而且重要的是还拥有文化、价值观和国民凝聚力等"软权力"优势。

根据约瑟夫·奈的观点，影响他人行为的方式可以分为两种，这两种方式相辅相成，都以影响他人行为实现自身目的为目标：一是通过威胁或奖励他人的办法，即"硬权力"。"硬权力"源自经济、军事、科技等与有形的、具体资源紧密联系的"硬性强迫式权力"；二是通过吸引对方，获得认同，来达到自己的目的，即"软权力"。"软权力"强调通过有吸引力的文化、制度和意识形态等抽象资源相关的、影响他人喜好和选择的"软性同化式权力"。约翰斯·奈在《软力量：世界政坛成功之道》一书的前言中对软力量做了这样一个定义："软力量是通过吸引而非强迫或收买的手段来达己所愿的能力。它源于一个国家的文化、政治观念和政策的吸引力。"①

软权力具体包括：1. 有吸引力的文化。这包括宗教、语言、

---

① 约瑟夫·奈：《软力量——世界政坛成功之道》，吴晓辉、钱程译，东方出版社2005年版，前言部分。

143

教育、生活方式、电影、电视、报纸、网络、饮食等。"柏林墙早在1989年倒塌之前就被电视和电影凿得千疮百孔。如果不是多年来西方文化形象在柏林墙倒塌之前就对其进行了渗透和破坏，锤子和压路机也不会管用。"[1] 2. 有吸引力的意识形态或政治价值观念。奈指出，美国追求自由、民主和人权的价值观和政治理念是很多国家仿效的对象。3. 塑造规则和决定政治议题的能力。如果一个国家可以通过建立和主导国际规范和国际制度，左右世界政治的议事日程，那么它就具有"制度权力"，影响他人的喜恶。奈认为，"如果一个国家能塑造国际规则并使之与本国的利益和价值观相一致，其行为在别国的眼中就更具合法性。如果一个国家借助机构和规则来鼓励别的国家按照它喜欢的方式来行事或者自制，那么它就用不着太多昂贵的胡萝卜和大棒。"[2] 约瑟夫·奈认为，在当今时代，文明、文化、价值观念、生活方式等软力量已经取代了军事、物力、暴力等硬力量，在国际竞争中占据关键地位。[3]

比较卢克斯、加尔布雷斯和奈对权力作用方式的划分，卢克斯的"单向度"权力、加尔布雷斯的"应得权力"和奈的"硬权力"都是以强制性的力量为基础来实施的一方对另一方的单向的、明显的控制；卢克斯的"三向度"权力、加尔布雷斯的"调控权力"和奈的"软权力"都是主要通过控制他人的思想、信念、态度等方式来使权力隐蔽地发生作用，这种权力观与意识形

---

[1] 约瑟夫·奈：《软力量——世界政坛成功之道》，吴晓辉、钱程译，东方出版社2005年版，第51页。
[2] 同上，第10页。
[3] 同上，第10页。

态、霸权所涉及的问题比较相似,即权力的不平等分配是如何合理化、自然化和合法化的。卢克斯的"双向度"权力可归于奈的"软权力",而加尔布雷斯的"补偿权力"可归于奈的"硬权力"。

二、软权力与国家形象塑造

(一)关于国家形象

在《权力的声音》中,张巨岩认为"国家形象实际上是一个信息传播的结果,也是一种社会传播过程。"而政治学家布丁(K. E. Boulding)把国家形象看作"是一个国家对自己的认知以及国际体系中其他行为体对它的认知的结合;它是一系列信息输入和输出产生的结果,是一个'结构十分明确的信息资本。'"[1] 中国学者管文虎对国家形象的定义是,"国家的外部公众和内部公众对国家本身、国家行为、国家的各项活动及其成果所给予的总的评价和认定,是国家力量和民族精神的表现和象征,是综合国力的集中体现,是一个国家最重要的无形资产。"[2] 这个定义试图从国内外公众的角度来界定国家形象,肯定了国家形象的内在性和外在性。还有学者认为,"所谓国家形象,应该是国际舆论和国内民众对特定国家的物质基础、国家政策、民族精神、国家行为、国务活动及其成果的总体评价和认定。[……] 是国家最重要的无形资产,也是国家立足于国际舞台的重要实力来源"[3],"是一个主权国家和民族在世界舞台上所展示的形状项目及国际

---

[1] 张巨岩:《权力的声音》,生活读书新知三联书店2004年版,第340页。
[2] 管文虎:《国家形象论》,成都科技大学出版社2000年版,第23~25页。
[3] 张昆、徐琼:《国家形象刍议》,载《国际新闻界》,2007年第3期。

环境中的舆论反映"①，"是国际社会公众对异国稳定的总体评价"②，"是一国内部公众和外部公众对该国政治（包括政府信誉、外交能力与军事准备等）、经济（包括金融实力、财政实力、产品特色与质量、国民收入等）、社会（包括社会凝聚力、安全与稳定、国民士气、民族性格等）、文化（包括科技实力、教育水平、文化遗产、风俗习惯、价值观念等）与地理（包括地理环境、自然资源、人口数量等）等方面状况的认识与评价，可分为国内形象和国际形象。"③

从国家形象的评价来源出发，吴友富认为国家形象可以从广义和狭义两个角度加以界定。狭义的国家形象仅来自于该特定国家的外部公众，广义的国家形象则包括其内部公众。④

关于国家形象的影响和作用，刘丽在《德国对外传播中的国家形象塑造》一文中指出，国家形象"决定了一国所处的国际舆论环境，与国家生存和发展空间息息相关，并最终对国家利益的实现产生影响"。⑤ 她认为，国家形象具有政治功能、经济功能和文化功能：良好的国家形象有利于增强国家凝聚力，赢得国际话语权；有利于开拓国内外市场，促进经济发展；有利于传播国家制度、文化和价值观。国家形象的塑造主要通过两个途径：

---

① 李寿源：《国际关系与中国外交——大众传播独特风景线》，北京广播学院出版社1999年版。
② 杨伟芬：《渗透与互动——广播电视与国际关系》，北京广播学院出版社2000年版。
③ 孙有中：《国家形象的内涵及其功能》，载《国际论坛》，2002年第3期。
④ 吴友富：《中国国家形象的塑造和传播》，复旦大学出版社2009年版，第4页。
⑤ 刘丽：《德国对外传播中的国家形象塑造——以对外杂志〈德国〉为例》，载《德国研究》，2011年第1期。

"1. 不断完善国家行为，如社会制度、民族文化、综合国力、政治局势、国际关系、领袖风范、公民素质、社会文明等诸方面；2. 重视信息的生产和传播管理，即通过大众传播来影响或改变主体公众的观念。而后者往往被视为最直接、最有效的途径。"[1]

1999年英国伦敦政治经济学院曾召开名为"形象、国家和国家关系"的学术会议，此次会议记录的前言如是说："无数的行为体出于种种目的，开始不断地、有意识地把形象作为重要目标予以管理。在相互竞争或依存的国家和非国家的行为体之间，形象创造似乎开启了无数的政治可能性，使它们不必再把无力或其他传统的权力工具视为首要选择。"[2]

在《权力的声音》一书中，"国家形象"成为过去十多年的一个重要现象的原因被归结为两点：第一，1990年以来迅速扩展的现代传播技术使世界舆论与国际政治之间相互影响程度加深；"全球化"提升国家间的相互依存度，从而使国家行为更加受国际体系中其他行为体的认知和态度的影响。第二，公共关系业在全球范围内的迅速发展，政府和国家形象塑造作为其业务领域受到带动。

（二）软权力、国家形象、国家身份认同

国家形象是一国软权力的来源之一。"软权力既可以增强一国国民的凝聚力和意志力，又可以提高该国政府处理国内外事务的能力，还可以通过各种载体对他国政府的政策、制度、心理和

---

[1] 刘丽：《德国对外传播中的国家形象塑造——以对外杂志〈德国〉为例》，载《德国研究》，2011年第1期。
[2] 转引自张巨岩：《权力的声音》，三联书店2004年版，341页。

行为产生影响,并对他国国民的心理和行为产生影响。"①

"软实力是由一个国家和民族的文化传统、意识形态、价值观念、民族习性、政策要素等多方面精神要素构成的……软实力既可以增强一国国民的凝聚力和意志力,又可以提高该国政府处理国内外事务的能力,还可以通过各种载体对他国政府的政策、制度、心理和行为产生影响,并对他国国民的心理和行为产生影响。因此国家形象也是软实力的表征之一。"②"国家形象作为一种软实力,关系到一国能否以最小的代价取得最大的政治、经济利益,实现自己的短期和长远目标,影响到一个国家在国际社会中的政治地位、经济参与程度以及凭借自身实力在国际舞台上纵横捭阖的能力。良好的国家形象是一个国家极为重要的'无形资产'"。③

"国家形象如何既取决于国家的综合国力,包括硬实力和软实力,也包括把这种实力有意识地展示出来的能力,包括战略因素和先进的传输途径。国家形象与软权力的关系可以简单地概括为:(1)软权力是国家形象得以塑造和能够塑造的基础。(2)国家形象是软权力的再现。(3)国家形象是国家软权力中的重要因素。(4)国家形象影响各国对外政策的选择与国际关系的状态,也在某种程度上影响国家的实力或权力。"④

约瑟夫·奈认为,一个国家或者它的领导人的形象,是影响

---

① 谢晓娟:《论软权力中的国家形象及其塑造》,载《理论前沿》,2004年第19期。
② 龙小农:《形象到认同——社会传播与国家认同建构》,中国传媒大学出版社2012年版,第173页。
③ 同上,第171页。
④ 同上,第174页。

<<< 第六章　德国国家身份构建：社会实践

该国在国际社会地位的一个因素，一个国家"软力量"的一部分。所谓"软力量"，本质上是指文化、信息和宣传等所有可以用来在无形中改变人的世界图景和人对世界认知方法的力量，国家的形象塑造是其中的一部分功能。

"国家国际形象的好坏影响着该国在国际舞台上影响力的发挥，而国内形象的好坏则直接影响到该国国民的文化认同、民族认同、国家认同、社会认同和民族凝聚力。"可以说，国家形象塑造并促进着国家身份认同。

"认同指的是自我与他者联结在一起的心理和社会过程，对国家来说，认同过程还伴随着积极的政治变化和社会进程。"①"国家认同指生活在某一个国家之内的公民基于共同的国徽、国歌、国家主权以及历史传统、道德价值观、理想信念等而建立起来的对一个国家的认同。国家认同的产生和发展，一般是各国政府通过教育和大众传媒宣传的结果……国家认同主要涉及国家政权、主权、社会制度、社会权力等，带有较强的政治色彩。"②"国家认同感是人们对自己作为国家成员这一身份的知悉和接受。"③"国家的强盛，以及国家在国际政治、经济舞台上受关注或受尊敬的程度，能够最直接地触及国民内心对国家的情感，从而增强国民对国家的向心力，也能最终在国家与国民之间建立起

---

① 甘均先：《国家身份与国际安全》，载《浙江大学学报》（人文社会科学版），2010年第12期。
② 刘国强：《媒介身份重建——全球传播与国家认同建构研究》，四川大学出版社2009年版，第59页。
③ 龙小农：《形象到认同——社会传播与国家认同建构》，中国传媒大学出版社2012年版，第128页。

一种相互依存、荣辱与共的良性关系。"①

三、默克尔与德国统一相关的政治演讲对德国国家身份的构建

（一）促进身份认同

"民族认同是由特定的历史过程决定的，其文化建构非常复杂，因为树立新的文化认同的过程与价值、伦理、道德的重构是相关的。民族认同往往锁定在一些特定历史事件和历史人物身上。"② 德国统一对于德国人民无疑是标志性的历史事件，在德国民众心中具有特殊的历史意义和现实影响，这直接关系到德国民众对本民族和德国国家身份的认同。

在默克尔与德国统一相关的政治演讲中，默克尔正是借德国统一这一历史事件塑造统一的德国、欧洲的德国和世界的德国的德国国家形象。如例4-13和4-14：

4-13 Meine Damen und Herren, heute wissen wir: es war eine epochale Zeitenwende, die Deutschland, Europa, ja auch die Welt, die damals in zwei Blöcke geteilt war, wieder zusammengeführt hat. Endlich war das Ende des Kalten Krieges gekommen. Es begann eine Ära der Einigkeit, des Rechts und der Freiheit – in ganz Deutschland und in ganz Europa. （演讲4）

4-14 Wenn man heute zurückblickt, was in den letzten 20 Jahren auf der Welt vorgegangen ist, dann sieht man, dass sich – ausgehend von Europa als dem Kontinent, auf dem sich der Kalte Krieg ja am

---

① 龙小农：《形象到认同——社会传播与国家认同建构》，中国传媒大学出版社2012年版，第129页。
② 同上，第66页。

stärksten manifestiert hat – auf der Welt fast alles verändert hat.（演讲5）

重新统一的德国无论从地缘政治还是从经济地位来说，都占据着欧洲的中心位置。从"二战"后到德国统一的半个世纪以来，德国国内对欧洲已经形成了比较成熟的信仰和价值观，即德国的欧洲认同。统一后的德国，并没有改变以往的欧洲理念，依然致力于促进欧洲一体化的发展，体现了德国国家认同中强烈的欧洲色彩。德国的欧洲认同是德国对欧洲的一种归属情感的体现，德国充分意识到自身的发展离不开其"母体"欧洲，统一后德国的欧洲认同已经成为德国国家认同的重要组成部分。

统一的德国国家形象强调了统一后的德国国内环境的和谐稳定，肯定德国统一的历史功绩，有利于增强国家凝聚力；塑造欧洲的德国国家形象突出德国是欧盟的核心、欧洲利益的重要代表，强调德国的欧洲属性；世界的德国国家形象旨在表明德国有能力和意愿为世界和平与安全贡献力量，能在世界舞台上扮演更为重要的角色。国家形象的政治功能因此得以实现，德国在欧盟和国际上的国家威望相应得以提升。

（二）寻求国际安全位置

"身份是一系列关于自我的观念，涉及如何认识自我、如何将自我与他者区分等问题。身份的核心问题是'我或我们是谁''他或他们是谁'，个体或群体的社会观念、宗教文化、历史记忆、生活习惯等都会影响对这个问题的回答。由于文化等诸多因素的差异，国际社会中存在种种不同的身份，身份与安全问题密切相关。"①

"对任何一个国家而言，身份都不是一成不变的，绝大多数国家在发展过程中都经历了几次身份变更，而国家身份变更往往具有重要的安全后果，并将在很大程度上冲击即时的国际安全结构。身份改变与安全结构的变迁具有明显的互动关系，身份改变影响安全结构，反之，安全结构的改变也将部分地影响国家身份……国家主动改变身份或者被动改变身份，国家文化身份或者权力身份的变动，都将引起国际安全结构的变化。此外，国家身份危机也会威胁国际安全结构的稳定。国家认同危机将导致身份的迷失，而国家身份迷失常常被其他大国利用，引起较为严重的安全后果。"②

在演讲辞中，默克尔亦多次提及德国正在以一种开放、宽容的态度对待多元文化，从而向外界传达德国是友好、安全的信息。例如：

6-1 Wir wissen aus leidvoller europäischer Geschichte, dass die Fähigkeit zur Toleranz eine der Voraussetzungen dafür ist, dass wir in Freundschaft zusammenleben können. Toleranz ist nicht Beliebigkeit. Toleranz stellt bestimmte Grundwerte nicht in Frage. Aber Toleranz zu leben, ist trotzdem oft schwierig. Toleranz erfordert, sich in die Gedankenwelt des anderen hineinzuversetzen, sich mit seiner Geschichte und seinen Gefühlen zu befassen, mit dem, was er in seinem Leben erlebt hat, und aus dieser Perspektive heraus ihn zu verstehen versuchen, um

---

① 甘均先：《国家身份与国际安全》，载《浙江大学学报（人文社会科学版）》，2010年第12期。
② 同上。

mit dem anderen einen gemeinsamen Weg in die Zukunft zu finden. （演讲3）

6 – 2 Heute haben viele Städte nicht nur Kirchen und vielleicht eine oder sogar mehrere Synagogen. Heute stehen in vielen Städten Deutschlands auch Moscheen. Das ist eine Tatsache. Das ändert nichts daran, dass unser Land von seiner christlich – jüdischen Geschichte und Kultur geprägt ist und dies auch bleiben wird. Es kommt aber darauf an, stärker als bisher ein gutes Miteinander aller Menschen, gleich welcher Herkunft oder Religion, einzufordern und zu stützen. （演讲6）

从上述两例可以看出，德国总理默克尔表达了对不同国家文化、不同宗教信仰的接纳态度，力图消解外界对德国的负面印象，努力勾画德国勇于面对历史与面向未来的负责任的大国形象，这将有利于德国谋求在政治、经济、文化等各方向上的、国际版图中的安全位置。

第三节　小结

本章在批评话语分析的第三个维度——社会实践的层面上分析了德国国家身份构建的社会文化语境。Fairclough认为，话语、身份与社会现实之间存在辩证关系，即话语在受社会现实的影响、反映和再现社会现实的同时，也作为一种重要的社会实践形式，构建着各种社会身份和社会现实。默克尔与德国统一相关的演讲辞是这一观点的良好体现。一方面，默克尔的演讲辞集中反映了统一后的德国问题与机遇并存；另一方面她的演讲辞也促进了德国国家身份认同，试图建构一个统一的德国、欧洲的德国和世界的德国的国家身份。这一身份的构建将有利于德国积极谋求在政治、经济、文化等各方向上的、国际版图中的安全位置。在分析默克尔的演讲辞对德国国家身份和社会现实的构建部分，本研究吸纳了约瑟夫·奈的关于软权力的观点，认为国家形象塑造是增强国家软权力的有效手段之一，国家形象是国家软权力的来源和表征之一，国家形象塑造促进了国家身份认同，从而进一步说明了默克尔与德国统一相关的政治演讲辞是德国国家形象塑造的有效途径之一。

默克尔的政治人生本身是宏大的德国统一的一部分，默克尔的演讲辞生动地、有力地构建着一个统一的德国，一个曾经长期分裂至今还在承受和弥补伤痕的、坚定地统一着的德国；构建着一个欧洲的德国和世界的德国，一个曾经给欧洲和世界带来浩劫至今还在承担责任的德国，一个已经是欧洲的引擎并正在成为世界政治经济文化发展重要柱石的德国；构建着一个自信的德国，一个能够逐渐平和地看待过去、开始满怀希望地创造未来的德国。

第七章

结　语

　　本书基于社会学的身份建构论,借鉴系统功能语言学、批评话语分析的理论研究成果,采用一种自下而上的方式,将系统功能语言学与批评话语分析相结合,以文本分析、话语实践和社会实践三个纬度为分析架构,从语言表达策略到话语实践,再从话语实践到社会实践对身份构建进行考察,其中语言表达策略的分析又从词汇层面推进到语法层面,再进入到语篇层面,从静态到动态,从微观层面到宏观层面,对默克尔与德国统一相关的演讲话语中的国家身份构建进行了多层面多角度的描述与阐释。

　　通过研究,我们发现默克尔在演讲中通过对语言表达策略的实施、语法层及物性和情态的选择、语篇层主位结构的搭建、互文性的使用构建了统一的德国、欧洲的德国和世界的德国的国家身份。德国国家身份构建的过程具体体现在以下几个方面:

　　第一,从文本分析的维度上看,默克尔关于德国统一的政治演讲辞的语言表达策略主要体现在词汇的选择和隐喻的使用上。在这些演讲辞中,"德国"(Deutschland)和以"德国的、德国人的(deutsch-)"为词根的词、"今天"(heute)和以"今天的、今日的、目前的(heut-)"为词根的词、"欧洲(Europa)"和以

"欧洲的、欧洲人的（europäsich-）"为词根的词、"世界（Welt）"、"未来（Zukunft）"、"责任（Verantwortung）"成为主要的关键词。这些关键词的选择构建了德国是统一的德国、欧洲的德国、世界的德国的国家身份，凸显了德国国家不同层面的政治形象，表达了统一的德国试图建构一个在欧洲、在世界都举足轻重的国家身份；"我们"（wir、uns）、"我们的"（unser-）这样的第一人称复数形式被大量使用，则进一步强调了德国的统一性，强调德国政府与民众共同面对经济发展的机遇与挑战，国家经济发展的任务和努力方向即是每个德国公民的任务和努力方向，暗示着统一后的德国以新的身份和面貌出现在全世界面前。

隐喻的使用形象生动地说明了统一的德国是对历史有担当、对未来满怀希望与信心、是在世界范围内的众多领域有着领先优势的国家，构建了一个敢于面对问题和困难，积极寻找解决办法的、有行动力、负责任的国家形象。

第二，在语法层，通过对演讲辞的语态和情态动词的考察，我们发现被动句中行为对象作为句子的主语加以前置，处于句中突出的位置上，起到了凸显行为客体重要性的作用；作为最频繁出现的情态动词，können 及其变体传达出统一后的德国坚定维护当前经济政策、积极融入全球化经济、努力振兴德国经济、构造更强大的德国的坚定信心和决心。情态动词 müssen 及其变体则表达了德国以一种正面、积极、坚决和不容质疑的态度、一种"走出去"的姿态去应对德国统一后世界格局的变化、以及国际社会多元文化共存和全球经济一体化等种种挑战。情态动词 wollen 及其变体则表现出德国对美好未来的强烈渴望。情态动词能很好地传达演讲者的情感和倾向、调动听众的情绪，其使用对于国家身份的构建起到了推动和强化的作用。

第三，在语篇层，通过对演讲辞中主位结构的考察，我们发现单项主位是七篇演讲辞中最常用的主位形式；而代词是构成单项主位的主要成分，占单项主位总数量的44.9%；代词中第一人称单数 ich 达到21.1%，是使用频率最高的代词。演讲中代词第一人称单数的使用能有效地将听众的注意力拉到演讲者本人的身上。由于演讲者默克尔是前民主德国政府官员出身的、首位两德统一后的德国女总理，所以，从某种意义上来说，默克尔是两德统一的象征性人物与成功典范。"我（ich）"的频繁出现强化了两德统一印象，同时给听众以暗示：两德统一是历史性的、成功的、并正在对德国的现在与未来发挥积极的作用，强调了德国是一个能成功实现国家统一的国家。

第四，从话语实践的维度上看，通过对演讲辞的具体互文性的考察，我们发现默克尔的演讲辞中充斥了"自由""世界""未来""责任""道路""民主"等的套语，这使得听众将统一后的德国与美国等标榜所谓自由民主的国家之间建立联系，构建了德国作为一个具有西方普遍认可的价值观的国家身份。而直接引语的使用不仅增加了演讲辞的客观性和可信度，从而达到使引言去政治化的客观效果，并构建了一个能够倾听不同阶层的声音，表面上代表各阶层利益的德国国家形象和身份；通过对演讲辞的体裁互文性的考察，我们发现以排比和重复为主要手段的修辞互文性在演讲辞中得到充分的运用。排比和重复的使用传达了演讲者强烈的个人情绪，强化了演讲的内容，增强了演讲的气势，从而使标榜民主、自由、统一德国国家形象得到不断地巩固、加强与构建。

第五，从社会实践的维度上看，一方面，默克尔的演讲辞集中反映了统一后的德国问题与机遇并存；另一方面，她的演讲辞促进了德国国家身份认同，试图建构一个统一的德国、欧洲的德国和世界的德国的国家身份，积极谋求着德国在政治、经济、文化等各方向上的、国际版图中的安全位置。在默克尔的演讲辞对德国国家身份和社会现实的构建部分，本研究吸纳了约瑟夫·奈的关于软权力的观点，认为国家形象塑造是增强国家软权力的有效手段之一，国家形象是国家软权力的来源和表征之一，国家形象塑造促进了国家身份认同，从而进一步说明了默克尔与德国统一相关的政治演讲辞是德国国家形象构建的有效途径。

作为两德统一后的首位德国女总理，默克尔的政治人生本身是宏大的德国统一的一部分，默克尔的演讲辞生动地、有力地构建着一个统一的德国，一个曾经长期分裂至今还在承受和弥补伤痕的、坚定地统一着的德国；构建着一个欧洲的德国和世界的德国，一个曾经给欧洲和世界带来浩劫至今还在承担责任的德国，一个已经是欧洲的引擎并正在成为世界政治经济文化发展重要柱石的德国；构建着一个自信的德国，一个能够逐渐平和地看待过去、开始满怀希望地创造未来的德国。

参考文献

外文文献

Austin, J. L. : *How to do things with words*, Cambridge: Harvard University Press 1962.

Baring, Arnulf/Schöllgen, Gregor: *Kanzler – Krisen – Koalitionen: Von Konrad Adenauer bis Angela Merkel*. München: Pantheon Verlag 2006.

Bernstein, Basil. : *Class, codes and control. 2. – Applied studies towards a sociology of language*, London: Routledge 1973.

Bohlender, Matthias: *Die Rhetorik des Politischen: zur Kritik der politischen Theorie*, Berlin: Akademie Verlag 1995.

Burke, Kenneth: *A Rhetoric of Motives*, Berkelcy: University of California Press 1969.

Burke, Kenneth: *The Rhetorical Situation*, In: *Communication: Ethical and Moral Issues*, New York: Gorden and Breach Science Publishers 1973.

Campbell, George: *The philosophy of rhetoric*, Carbondale: Southern Illinois University Press 1963.

Castells, Manuel: *The Power of Identity*, Malden, Mass. : Wiley – Blackwell Verlag 2010.

Charteris – Black, Jonathan: *Corpus approaches to critical metaphor analysis*, Basingstoke: Palgrave Macmillan 2004.

Chliton, P. A. : *Politics and Language in Concise Encyclopaedia of Pragmatics*,

London: Elsevier 1998.

Chomsky, Noam: *Sprache und Politik*, Berlin: Philo Verlag 1999.

Dieckmann, Walther: *Information oder überrdung: Zum Wortgebrauch der politischen Werbung in Deutschland seit der Französischen Revolution*. Marburg: Elwert 1975.

Diekmannshenke, Hajo/Klein, Josef (Hrsg.): *Wörter in der Politik: Analyse zur Lexemverwendung in der politischen Kommunikation*. Opladen: Westdeutsche Verlag 1996.

Eckert, P. : *Linguistic Variation as Social Practice: the Linguistic Construction of Identity in Belten High* , Massachusetts: Blackwell Publishers 2000.

Eppler, Erhard: *Kavalleriepferde beim Hornsignal: Die Krise der Politik im Spiegel der Sprache*. Frankfurt a. M. : Suhrkamp 1992.

Fairclough, Norman: *Analysing Discourse: Texual analysis for social research*, New York: Routledge 2003.

Fairclough, Norman: *Language and Globalization*, New York: Routledge 2006.

Fairclough, Norman: *Language and Power*, London: Longman 1989.

Foucault, Michel: *Analytik der Macht*, Frankfurt am Main: Suhrkamp Verlag 2005.

Foucault, Michel: *Die Ordnung des Diskurses*, Frankfurt am Main: Fischer 2012.

Foucault, Michel: *Die Ordnung der Dinge: eine Archäologie der Humanwissenschaften*, Frankfurt am Main: Suhrkamp 2003.

Galbraith, J. S. : *The Anatomy of Power*, Boston: Houghton Mifflin 1983.

Giesen, Bernhard: *Kollektiv Identit? t: Die Intellektuellen und die Nation*, Frankfurt am Main: Suhrkamp Verlag 1999.

Giesen, Bernhard (Hrsg.): *Nationale und kulturelle Identität: Studien zur Entwicklung des kollektiven Bewuβtseins in der Neuzeit*, Frankfurt am Main: Suhrkamp Verlag 1999.

Girnth, Heiko: *Sprache und Sprachverwendung in der Politik: Eine Einführung in die linguistische Analyse öffentlich - politscher Kommunikation*, Tübingen: Max Niemeyer Verlag 2002.

Goffman, E.: *Forms of Talk*, Philadelphia: University of Pennsylvania Press 1981.

Göttert, Karl – Heinz: *Einführung in die Rhetorik: Grundbegriffe – Geschichte – Rezeption*, Paderborn: Wilhelm Fink Verlag 2009.

Gudorf, Odilo: *Sprache als Politik: Untersuchung zur öffentlichen Sprache und Kommunikationsstruktur in der DDR*. Köln: Verlag Wissenschaft und Politik 1981.

Gumperz, J. J.: *Language and Social Identity*, Cambridge: Cambridge University Press 1982.

Halliday, M. A. K.: *System and Function in Language*, London: OUP 1976.

Halliday, M. A. K.: *Language as Social Semiotic: the social interpretation of language and Meaning*, London: Edward Arnold 1978.

Halliday, M. A. K.: *An Introduction to Functional Grammar*, London: Edward Arnold.

Harris, Z. S.: *Discourse analysis*, In: *Language* (28): 1 – 30. 1952.

Heringen, Hans Jürgen: *Ich gebe Ihnen mein Ehrenwort: Politik – Sprache – Moral*, München: Beck 1990.

Hochmuth, Marie Kathryn: *A history and criticism of American public address*, New York: Longmans 1955.

Humboldt, Wilhelm von: : *über die Verschiedenheit des menschlichen Sprachbaues und ihren Einfluβ auf die geistige Entwicklung des Menschengeschlechts*, Paderborn; München; Wien; Zürich: Schöningh 1998.

Jäger, Margarete/ Jäger, Siegfried: *Deutungskämpfe: Theorie und Praxis kritischer Diskursanalyse*, Wiesbaden: VS Verlag 2007.

Jäger, Siegfried/ Zimmermann, Jens (Hrsg.): *Lexikon Kritische Diskursanalyse. Eine Werkzeugkiste*, Münster: UNRAST – Verlag 2010.

Jäger, Siegfried/ Januschek, Franz (Hrsg.): *Gefühlte Geschichte und Kämpfe um Identität*, Münster: UNRAST – Verlag 2004.

Jäger, Siegfried: *Kritische Diskursanalyse: Eine Einführung*, Duisburg: DISS Duisburg 1999.

Jäger, Siegfried/ Huber, Joseph/Schätzle, Peter (Hrsg.) : *Sprache – Sprecher – Sprechen: Probleme im Bereich soziolinguistischer Theorie und Empirie*, Tübingen: Verlag Gunter Narr 1972.

Jäger, Siegfried: *Sprache – Praxis des Bewuβtseins: Zur systematischen Erfassung von Rede Schichtenspezifischer Sprachegebrauch von Schülern*, Kronberg/Ts. : Scriptor Verlag 1977. .

Jens, Walters: *Von deutscher Rede*, München: R. Piper& Co. Verlag, 1983.

Keller, Reiner/ Hirseland, Andreas/ Schneider, Werner/ Viehhöver, Willy (Hrsg.) : *Die diskursive Konstruktion von Wirlichkeit*, Konstanz: UVK Verlagsgesellschaft mbH 2005.

Keller, Reiner/ Schneider, Werner (Hrsg.) : *Diskurs – Macht – Subjekt: Theorie und Empirie von Subjektivierung in der Diskursforschung*, Wiesbaden: VS Verlag 2012.

Keller, Rudi: Zeichentheorie: Zu einer Theorie semiotischen Wissens, Tübingen; Basel: Francke Verlag 1995.

Kerchner, Brigitte/ Schneider, Silke (Hrsg.) : *Foucoult: Diskursanalyse der Politik*, Wiesbaden: VS Verlag 2006

Keller, Reiner: *Diskursforschung: eine Einfuehrung fuer Sozialwissenschaftlerinnen*, Wiesbaden: VS Verlag 2011.

Keller, Reiner: *Wissenssoziologische Diskursanalyse: Grundlegung eines Forschungsprogramms*, Wiesbaden: VS Verlag 2011.

Keller, Reiner/Hirseland, Andreas/ Schneider Werner/ Viehöver, Willy (Hrsg.) : *Handbuch Soziawissenschaftliche Diskursanalyse*, Opladen: Leske + Budrich 2003.

Krappman, Lothar: *Soziologische Dimensionen der Identität: Strukturelle Bedingungen für die Teilnahme an Interaktionsprozessen*, Stuttgart: Ernst Klett Verlag 1975.

Kress, Gunther: *Multimodal discourse: the modes and media of contemporary communication, London: Arnold 2001.

Kurbjuweit, Dirk: Angela Merkel: Die Kanzlerin für alle? München: Carl Hanser Verlag 2009.

Labov, W. : *The Social Stratification of English in New York City*, Washington DC: Center for Applied Linguistics 1966.

Labov, W. : *Sociolinguistic Patterns*, Oxford: Basil Blackwell 1972. .

Labov, W. : *Language in the Inner City*: *Studies in the Black English Vernacular*, Philadelphia: University of Pennsylvania Press 1972.

Labov, W./ D. Fanshel: *Therapeutic Discourse*, NewYork: Academic Press, 1977.

Lakoff, George : *Talking Power*: *The Politics of Language in Our Lives*, New York: BasicBooks 1990.

Lakoff, George /Johnson, Mark: *Metaphors We Live By*, Chicago: The University of Chicago Press 1980.

Langguth, Gerd: *Angela Merkel*, München: Deutscher Taschenbuch Verlag 2005.

Langguth, Gerd: *Angela Merkel*: *Aufstieg zur Macht*, München: Deutscher Taschenbuch Verlag 2008.

Langguth, Gerd: *Angela Merkel. Biografie*, München: Deutscher Taschenbuch Verlag 2010.

Luke, A. : *Ideology in Concise Encyclopaedia of Pragmatics*, London: Elsevier 1998.

Lukes, Steven: *Power*: *a radical view*, Houndmills: Palgrave Macmillan 2006.

McCall, Georges/ Simmons, J. L. : *Identität und Interaktion*, Düsseldorf: Pädagogischer Verlag Schwann 1974.

Mey, J. L. : *Pragmatics& Beyond Companion Series* 3 : *Whose Language? A Study in Linguistic Pragmatics.* Odense: University of Southern Denmark 1986.

Mio, Jeffery Scott& Katz, A. N. (Hrg.): *Metaphor implications and Applications*, New Jersey: Lawrence Erlbaum Associations Publishers 1996.

Mueller, Claus: *Politik und Kommunikation*, München: Paul List Verlag KG 1975.

Nye, Joseph S.: *Bound to lead: the changing nature of American power*, New York: Basic Books 1990.

Nye, Joseph S.: *Soft Power: the means to success in world politics*, New York, NY: Public Affairs 2004.

Omoniyi, Tope /White, Goodith.: *The Sociolinguistics of Identity*, London and New York: Continuum 2008.

Pêcheux, Michel: *Language semantics and ideology: stating the obvious*, London: Macmillan 1982.

Plöckinger, Othmar: *Reden um die Macht? Wirkung und Strategie der Reden Adolf Hitlers im Wahlkampf zu den Reichstagwahlen am 6. November* 1932. Wien: Passagen – Verlag 1999.

Pörksen, Uwe: *Die politische Zunge: Eine kurze Kritik der öffentlichen Rede*, Stuttgart: Klett – Cotta Verlag 2002.

Rensing, Matthias: *Geschichte und Politik in den Reden der deutschen Bundespräsidenten* 1949 – 1984, Münster; New York: Waxmann Verlag 1996.

Resing, Volker: *Angela Merkel: Die Protestantin*, Leipzig: St. Benno – Verlag 2009

Richard, John E: Analysing Newspaper, New York: Palgrave Macmillan 2007.

Roll, Evelyn: *Die Erste: Angela Merkels Weg zur Macht*, Reinbek bei Hamburg: Rowohlt Taschenbuch Verlag 2005.

Sapir, Edwards: *The Status of Linguistics as a Science*, In: *Critical Discourse Analysis*, London and New York: Routledge 2002.

Scholz, Sylka (Hrsg.):》*Kann die das?* 《 *Angela Merkels Kampf um die Macht. Geschlechterbilder und Geschlechterpolitiken im Bundestagswahlkampf* 2005, Berlin: Karl Dietz Verlag 2007.

Schwarz, Patrik (Hrsg.): *Angela Merkel – die Unerwartete: Wie Deutschlands erste Kanzlerin mit der Zeit geht*, Hamburg: Edel Germany Verlag 2011.

Simmler, Franzer: Die politische Rede im deutschen Bundestag. Göppingen: Verlag Alfred Kümmerle 1978.

Sternburg, Wilhelm von: *Die deutshen Kanzler: Von Bismark bis Merkel*, Berlin: Aufbau Verlagsgruppe 2007.

Stock, Wolfgang: *Angela Merkel: Eine politische Biographie*, München: Olzog Verlag 2000.

Straβner, Eirch: *Ideologie – Sprache – Politik: Grundfragen ihres Zusammenhangs*, Tübingen: Max Niemeyer Verlag 1987.

Stubbs, M.: *Discourse Analysis*, Chicago: the University of Chicago Press 1983.

Therborn, G.: *The Ideology of Power and the Power of Ideology*, London: Villier Publications 1980.

Van Dijk, Teun A: *Discourse as social interaction*, London: SAGE Publications 1997.

Van Dijk, Teun A: *Discourse as Structure and Process*, London: SAGE Publications 1997.

Van Dijk, Teun A: *Discourse and Power*, New York: Palgrave Macmilian Verlag 2008.

Van Dijk, Teun A: *Society and Discourse: How Social Contexts Influence Text and Talk*, Cambridge: Cambridge Universty Press 2008.

Warnke, Ingo H. / Spitzmüller, Jürgen (Hrsg.): *Methoden der Diskurslinguistik: Sprachwissenschaftliche Zugänge zur transtexuellen Ebene*, Berlin: Walter de Gruyter GmbH&Co. KG 2008.

Weldon, T. D.: *Kritik der politischen Sprache: Vom Sinn politischer Begriffe*, Neuwied: Hermann Luchterhand Verlag 1962.

Wendt, Alexander: *Social theory of international politics*, Cambridge: Cambridge University Press 2004.

Wendt, Alexander: Collective Identity Formation and the International State, In:

American Political Science Review, Cambridge: Cambridge University Press 1994

Wichelns, Herbert: *The Literary Criticism of Oratory*, In: *Rhetoric and Public Speaking in Honor of James A. Winans*, New York: Century 1925.

Willner, Roland: *Wie Angela Merkel regiert: Eine Analyse am Beispiel der Arbeitsmarktpolitik*. Marburg: Tectum Verlag 2009.

Wodak, Ruth: *Das Wort in der Gruppe*, Wien: Verlag der österreichischen Akademie der Wissenschaften 1981.

Wodak, Ruth: *Fragmented identities: Redefining and recontextualizing national identity*, In: *Politics as Text and Talk: Analytic approaches to political discourse*, Amsterdam: Benjamins Verlag 2002.

中文文献

陈丽江：2007年博士论文《文化语境与政治话语》。

陈玲：《德国总理默克尔传》，北京：时事出版社，2013年。

陈中竺：《批评语言学评述》，载《外语教学与研究》1995年第1期。

程锡麟：《互文性理论概述》，载《外国文学》1996年第1期。

丁建新：《叙事的批评话语分析：社会符号学模式》，重庆：重庆大学出版社，2007年。

董平荣：《试论语言与身份研究中话语分析的整合视角》，载《外语与外语教学》2009年第7期。

窦卫霖：《对中美国家领导人演讲中的互文性现象的批评性话语分析》，载《外语与外语教学》2009年第11期。

甘均先：《国家身份与国际安全》，载《浙江大学学报》（人文社会科学版）2010年第12期

谷小娟、李艺：《语言与身份构建：相关文献回顾》，载《外语学刊》2007年第6期。

关冬梅：《论任璧莲《爱妻》中反本质主义的身份观》，载《作家杂志》2010年第3期。

管文虎：《国家形象论》，成都：成都科技大学出版社，2000年。

郭文洋：《愿为德国效力（平民总理默克尔传）》，北京：新世界出版社，2014年。

［英］韩礼德：《功能语法导论》，彭宣维等译，北京：外语教学与研究出版社，2010年。

韩震：《历史的话语分析和文本分析》，载《青海社会科学》2000年第4期

胡壮麟主编：《系统功能语言学概论》，北京：北京大学出版社，2008年。

黄国文：《语篇分析的理论与实践：广告语篇研究》，上海：上海外语教育出版社，2001年。

黄国文主编：《功能语言学与语篇分析研究》，北京：高等教育出版社，2009年。

纪玉华：《跨文化交际研究和教育中的批评性话语分析》，厦门：厦门大学出版社，2007年。

纪玉华：《批评话语分析：理论与方法》，载《厦门大学学报》（哲学社会科学版）2001年第3期。

纪玉华、陈燕：《批评话语分析的新方法：批评隐喻分析》，载《厦门大学学报》（哲学社会科学版）2007年第6期。

纪玉华、吴建平：《批评话语学派的话语关及其启示》，载《外语与外语教学》2009年第7期。

蒋保：《20世纪中后期国外学者对古希腊演说演说述评》，载《古代文明》2008年第4期。

江玲：2012年上海外国语大学博士论文《庭审话语中的法官身份构建》

［美］肯尼斯·博克：《当代西方修辞学：演讲与话语批评》，常昌富等译，北京：中国社会科学出版社，1998年。

［英］雷蒙·威廉斯：《关键词：文化与社会的词汇》，刘建基译，北京：生活·读书·新知三联书店，2005年。

李华东：《法兰克福学派批评理论、福柯话语权力学说与批评性语篇分析》，载《外语与文化研究 第五辑》。

李慧明：《国家关系中的国家身份》，载《学术论坛》2007年第12期。

李会民：《〈批评话语分析方法〉（第2版）述评》，载《山东外语教学》2012年第1期。

李俊丽、吴兴东：《奥巴马政治演说中身份的话语构建》，载《科技信息》2012年33期。

李诗芳：《中文民事判决书的情态意义分析》，载《现代外语》2005年第3期。

李寿源：《国际关系与中国外交——大众传播独特风景线》，北京：北京广播学院出版社，1999年。

李元授、邹昆山：《演讲学》，武汉：华中科技大学出版社，2003年。

林宝珠：《从认知视角解构政治演讲中隐喻的意识形态操控》，载《外国语言文学》2009年第4期。

刘保、肖锋：《社会建构主义——一种新的哲学范式》，北京：中国社会科学出版社，2011年。

刘国强：《媒介身份重建：全球传播与国家认同建构研究》，四川：四川大学出版社，2009年。

刘丽：《德国对外传播中国家形象塑造—以对外杂志〈德国〉为例》，载《德国研究》2011年第1期。

刘立华：《批评话语分析概览》，载《外语学刊》2008年第3期。

刘立华：《〈系统功能语言学与批评话语分析：社会变化研究〉评介》，载《现代外语》（季刊）2006年11月第29卷第4期。

刘婉媛：《默克尔和德国的2006》，载《中国新闻周刊》2006年第2期。

龙小农：《从形象到认同——社会传播与国家认同建构》，北京：中国传媒大学出版社，2012年。

吕鸿：《默克尔：德国首位女总理》，载《人民论坛》2005年第11期。

[德] 米夏埃尔·于尔格斯：《德国统一现状》，徐静华译，北京：人民出版社，2012年。

[法] 米歇尔·福柯：《知识的考古学》，谢强、马月译，北京：生活、读

书、新知三联书店，2007年。

［英］诺曼·费尔克拉夫：《话语与社会变迁》，殷晓蓉译，北京：华夏出版社，2003年。

钱敏汝：《篇章语用学概论》，北京：外语教学与研究出版社，2001年

任育新、魏晓莉：《言语交际中身份研究的多视角及其整合》，载《广州大学学报》（社会科学版）2013年1月。

孙春玲：《德国统一11年回顾总结》，载《国际资料信息》2001年第10期。

孙有中：《国家形象的内涵及其功能》，载《国际论坛》2002年第3期。

孙溯源：《集体认同与国际政治——一种文化视角》，载《现代国际关系》2003年第1期。

孙文沛：《浅析默克尔时代的中德外交》，载《武汉大学学报》（人文科学版）2008年第3期。

宋阳、周海阳：《关于话语分析的批评性研究》，载《才智》2011年第26期。

田海龙：《语篇研究：范畴、视角、方法》，上海：上海外语教育出版社，2009年。

田海龙、张迈曾：《语言选择研究的后现代特征》，载《外语学刊》2007年第6期。

〔荷〕托伊恩·A·梵·迪克：《作为话语的新闻》，曾庆香译，北京：华夏出版社，2003年。

王冬梅：《批评性话语分析的理论来源及主要方法》，载《.重庆科技学院学报（社会科学版）》，2008年第8期。

王伟强：《批评性语篇分析视域中的身份建构研究》，载《赤峰学院学报》（汉文哲学社会科学版）2010年第11期。

王一川：《语言乌托邦》，昆明：云南人民出版社，2007年。

王熙：《篇际互文性分析对教育研究的借鉴意义——解读身份认同的新路径》，载《北京大学教育评论》2009年第4期。

苑春鸣，田海龙：《英汉政治语篇的对比分析与判断分析》，载《天津商学院学报》2001年第5期。

吴友富：《中国国家形象的塑造和传播》，上海：复旦大学出版社，2009年。

项蕴华：《身份建构研究综述》，载《社会科学研究》2009年第5期。

谢晓娟：《论软权力中的国家形象及其塑造》，载《理论前沿》2004年第19期。

辛斌：《批评语言学：理论与应用》，上海：上海外语教育出版社，2005年。

辛斌：《语篇研究中的互文性分析》，载《外语与外语教学》2008年第1期。

熊伟：《话语偏见的跨文化分析》，武昌：武汉大学出版社，2011年。

徐涛、张迈曾：《高等教育话语的新变迁——机构身份再构建的跨学科研究》，载《河北大学学报》（哲社版）第3期。

许一欣：《默克尔的'价值观外交'对中德关系的影响》，载《湘潮》（下半月）（理论）2008年第4期。

[美]亚历山大·温特：《国际政治的社会理论》，秦亚清译，上海：上海人民版社，2000年。

[德]彦·克思斯多夫·维希曼：《欧洲人眼中的德国总理和德国》，南之璠译，载《领导文萃》2013年第5期（上）。

杨林："语义是一种潜势——浅析系统功呢能语言学的语义观"，载《文教资料》2007年2月号下旬刊。

[德]扬-维尔纳·米勒：《另一个国度：德国知识分子、两德统一及民族认同》，马俊、谢青译，北京：新星出版社，2008年。

杨伟芬：《渗透与互动——广播电视与国际关系》，北京：北京广播学院出版社，2000年。

杨永林：《社会语言学研究. 功能·称谓·性别篇》，上海：上海教育出版社，2004年。

杨文革：《德汉情态动词比较教学》，载《德语学习》2011 年第 6 期

袁周敏：《社会心理学与语用学视角下的身份研究》，载《外语学刊》2011 年第 4 期。

俞东明：《话语角色类型及其在言语交际中的转换》，载《中国语用学研究论文精选》，上海：上海外语教育出版社，2001 年。

[美]约瑟夫·奈：《软力量——世界政坛成功之道》，吴晓辉、钱程译，北京：东方出版社，2005 年。

赵柯：《解析默克尔政府的对华政策》，载《欧洲研究》2010 年第 5 期。

赵林静：《话语历史分析：视角、方法与原则》，载广东外语外贸大学学报 2005 年第三期。

赵一凡：《西方文论讲稿续编》，北京：三联书店，2009 年。

赵毅衡：《符号学原理与推演》，南京：南京大学出版社，2011 年。

赵雪梅：《隐喻的批评性分析——批评隐喻分析》，载《外语艺术教育研究》2010 年第 3 期。

张巨岩：《权力的声音》，北京：生活·读书·新知三联书店，2004 年。

张昆、徐琼：《国家形象刍议》，载《国际新闻界》2007 年第 3 期。

张敏：《用批评话语分析解读奥巴马的演讲》，载《哈尔滨学院学报》2012 年 12 期。

朱永生、严世清：《系统功能语言学多维思考》，上海：上海外语教育出版社，2001 年。

朱永生、严世清：《系统功能语言学再思考》，上海：复旦大学出版社，2011 年。